essentials

essentials liefern aktuelles Wissen in konzentrierter Form. Die Essenz dessen, worauf es als „State-of-the-Art" in der gegenwärtigen Fachdiskussion oder in der Praxis ankommt. *essentials* informieren schnell, unkompliziert und verständlich

- als Einführung in ein aktuelles Thema aus Ihrem Fachgebiet
- als Einstieg in ein für Sie noch unbekanntes Themenfeld
- als Einblick, um zum Thema mitreden zu können

Die Bücher in elektronischer und gedruckter Form bringen das Fachwissen von Springerautor*innen kompakt zur Darstellung. Sie sind besonders für die Nutzung als eBook auf Tablet-PCs, eBook-Readern und Smartphones geeignet. *essentials* sind Wissensbausteine aus den Wirtschafts-, Sozial- und Geisteswissenschaften, aus Technik und Naturwissenschaften sowie aus Medizin, Psychologie und Gesundheitsberufen. Von renommierten Autor*innen aller Springer-Verlagsmarken.

Weitere Bände in der Reihe https://link.springer.com/bookseries/13088

Marc Ant

Eine kompetenzorientierte Perspektive des Handwerks im digitalen Zeitalter

Tech-, Non-Tech- und Meta-Skills als grundlegende Faktoren einer strategischen Unternehmensentwicklung

Marc Ant
Bettemburg, Luxemburg

ISSN 2197-6708 ISSN 2197-6716 (electronic)
essentials
ISBN 978-3-658-36530-1 ISBN 978-3-658-36531-8 (eBook)
https://doi.org/10.1007/978-3-658-36531-8

Die Deutsche Nationalbibliothek verzeichnet diese Publikation in der Deutschen Nationalbibliografie; detaillierte bibliografische Daten sind im Internet über http://dnb.d-nb.de abrufbar.

Planung/Lektorat: Ann-Kristin Wiegmann
Springer Gabler ist ein Imprint der eingetragenen Gesellschaft Springer Fachmedien Wiesbaden GmbH und ist ein Teil von Springer Nature.
Die Anschrift der Gesellschaft ist: Abraham-Lincoln-Str. 46, 65189 Wiesbaden, Germany

Was Sie in diesem *essential* finden können

- Dieses *essential* zeigt ein ausführliches Modell der handwerklichen Kompetenzen auf.
- Basierend auf einer historischen und strukturellen Untersuchung der Entwicklung und Transformation der Handwerksberufe über die Zeit wird in diesem essential ein ausführliches Strukturmodell der handwerklichen Kompetenzen anhand von diversen Bestimmungspunkten definiert und als Tech-Skills (Handwerk), Non-Tech-Skills (Mundwerk) und Meta-Skills (Kopfwerk) spezifiziert.
- Das Strukturmodell der Kompetenzen wird daraufhin anhand des Prozessmodells der Kompetenzentwicklung erweitert, das die Emergenz von Kompetenzen in einen Kontext der Produktion von neuen und grundlegenden wissenschaftlich-technisch-technologischen Erfindungen, Erkenntnissen und Entwicklungen situiert.

Inhaltsverzeichnis

1 Einleitung

Das Phänomen des Handwerks kann unter sehr zahlreichen und unterschiedlichen Gesichtspunkten untersucht werden: als berufliche und unternehmerische Tätigkeit, als Ausbildungswerdegang, als Berufsstand, als Organisationsform eines Gewerbes oder aus einer betriebswirtschaftlichen Perspektive der Führung, Steuerung, Organisation, Verwaltung und Finanzierung eines handwerklichen Unternehmens.

Auch ist eine volkswirtschaftliche Betrachtungsweise als Beitrag dieses Sektors auf das Bruttoinlandsprodukt und den Beschäftigungsgrad eines Landes von Interesse, genauso wie eine technisch-technologische Sicht auf die zur Anwendung kommenden Vorgehensweisen, Arbeitsmethoden, Werkzeuge, Instrumente, Rohstoffe und Materialien oder die zunehmende Digitalisierung.

Die Soziologie nähert sich dem Handwerk durch die Untersuchung des sozialen Handelns und Interagierens innerhalb der Gemeinschaften des Handwerks, seiner Strukturen, Traditionen, Werte und Normen sowie den existierenden Zulassungsvoraussetzungen.

Die Politikwissenschaften beschäftigen sich mit dem Zusammenspiel zwischen den handwerklichen Institutionen und den staatlichen Akteuren, den vorherrschenden Machtverhältnissen sowie den Einflussfaktoren auf die politischen Entscheidungsprozesse, wogegen die Geschichtswissenschaften die historische Entwicklung des Handwerks über die Zeit und über die verschiedenen Kulturen und Traditionen hinweg untersuchen.

Letztendlich möchten wir uns in diesem Beitrag dem Phänomen des Handwerks aus einer **psychologischen Perspektive der Kompetenzen** nähern – als Zusammenspiel zwischen **Hand, Mund** und **Kopf.**

M. Ant, *Eine kompetenzorientierte Perspektive des Handwerks im digitalen Zeitalter,* essentials, https://doi.org/10.1007/978-3-658-36531-8_1

2 Wesen des Handwerks

Das Handwerk ist als ein gewerblich und wirtschaftlich handelnder Berufsstand zu verstehen, der aufgrund von gesetzlichen und korporativen Bestimmungen hochgradig reguliert und organisiert ist, der anhand von eindeutig definierten Ausbildungslehrgängen erlernt und der sowohl als selbstständige Tätigkeit als auch in einem Angestelltenverhältnis ausgeübt werden kann.

In diesem Sinne ist der **selbstständige Handwerksmeister** gleichzeitig in einer Person ein planender und organisierender Unternehmenschef, ein ausführender Arbeiter sowie ein eigenständiger Kapitalgeber.

Das Handwerk kennzeichnet sich hauptsächlich durch die **Ausübung von manuellen Tätigkeiten** mittels eines entsprechenden Handwerkszeugs, Rohstoffen und Maschinen, zur Produktion, Einrichtung und Reparatur von Gegenständen und Anlagen, als Dienstleistung für Menschen und Unternehmen, auf Bestellung zur maßgeschneiderten Anfertigung, zur Be- und Verarbeitung von Stoffen und Materialien sowie zur Einrichtung von spezifischen technischen Installationen und zur Herstellung von Objekten des alltäglichen Gebrauchs.

Die Handwerkskunst, die bis in die Anfänge der Zeit zurückreicht und über eine sehr ausgeprägte Tradition verfügt, entspricht einer **Aktivität der systematisierten und kodierten Umwandlung,** Anpassung oder Verfeinerung von Rohstoffen oder Rohgegenständen in fertige, nützliche, nutzbare und auch ästhetische Gebrauchsgegenstände *(Commodities),* die anhand von handwerklichen Kenntnissen und Kompetenzen sowie anhand von handwerklichen Werkzeugen, Techniken, Instrumenten und Arbeitsmethoden hergestellt werden.

Der Handwerker oder die Handwerkerin fertigt oder konstruiert große oder kleine **Alltagsgegenstände oder -anlagen** komplett selbst, in kleinen Stückzahlen, meistens maßgeschneidert und auf Bestellung, mit reduzierten Werkzeugen, einem überschaubaren Aufwand und mit individuellen Lösungen nach Bedarf.

M. Ant, *Eine kompetenzorientierte Perspektive des Handwerks im digitalen Zeitalter,* essentials, https://doi.org/10.1007/978-3-658-36531-8_2

Die handwerkliche Tätigkeit bezieht sich vornehmlich auf individuelle Aufträge, die in einem lokalen und regionalen Kontext in konkreten Situationen und aufgrund von jeweils vorgefundenen Problemstellungen durchgeführt werden.

Das Handwerk steht im **Gegensatz zur industriellen, rekurrenten Massenproduktion,** die nach strikten Prozeduren, Normen, Regeln, Vorgehensweisen oder Handbewegungen standardisiert, hochautomatisiert und -rationalisiert, ritualisiert und kontrolliert nach einem bestimmten Schema F abläuft.

Wie die Studie von Blankenberg & Binder (2020) zeigt, unterscheiden sich die handwerklichen von den industriellen Berufen darin, dass *Handwerker die Ergebnisse ihrer Arbeit sehen können, und sie die Möglichkeit haben, das gesamte Werkstück (und nicht nur einen kleinen Teil davon) eigenständig herzustellen. Dadurch nehmen sie ihre Arbeit als nützlich und sinnstiftend wahr.* Nach dieser Studie kennzeichnen sich die befragten Handwerker durch ein ausgeprägtes berufliches Selbstbild, eine starke Identifikation sowie eine hohe Arbeitszufriedenheit aus, die *in Teilen mit der Ganzheitlichkeit der Arbeit, dem Fokus auf manuelle Tätigkeit, der Wahrnehmung der Sinnhaftigkeit der Tätigkeit sowie einer hohen wahrgenommenen Autonomie in Zusammenhang gebracht werden.*

In vielen Ländern ist das Handwerk durch eine **Handwerksordnung** reguliert, die die Zulassungsbedingungen zum Gewerbe definiert, wie z. B. dem Meisterzwang oder andere äquivalente Qualifikationen, und die erfordert, dass sich die Handwerksbetriebe in der Handwerkerrolle eintragen. In dieser Bestimmung ist auch festgelegt, welche Handwerksberufe einen Meisterbrief erfordern oder nur eine Gesellenprüfung oder ein Befähigungsnachweis, um zugelassen zu werden.

Die Ausübung handwerklicher Tätigkeiten entspricht einem kreativen, offenen, pragmatischen Verhalten, das stark von der Person, den Zielen, den räumlich-zeitlichen Dimensionen, den vorhandenen Techniken, den Situationen sowie von den geltenden Ordnungen abhängt und deren Nutzen sich außerhalb der handwerklichen Tätigkeit selbst manifestiert.

Der **Handwerker** übt eine technische Kunst aus, während der **Künstler** einer bildenden Kunst nachgeht, er oder sie stellt ein **Kunstwerk** her. Beide sind perfekt im sogenannten Kunsthandwerk vereinbar.

Der Handwerker konzentriert sich auf die konkrete und utilitaristisch ausgerichtete Herstellung eines Objekts oder einer Installation. Aber, um das Richtige auch auf die richtige Art und Weise zu tun, muss sich der Handwerker fragen, warum die Dinge so und nicht anders hergestellt werden sollten. Im Idealfall wird seine Praxis durch eine Reflexion ergänzt, um die **Intelligenz seiner Hand** (Sennett, 2009) und seines Schaffens zu steigern sowie Lerneffekte aus seinen Erfahrungen abzuleiten. Auf diese Weise können sich die Handarbeit und die intellektuelle Arbeit, die Arbeit der Hand, bzw. des Geistes, die Praxis und die Theorie sowie die Handlung und die Erklärung endlich zusammenschließen, anstatt sich antagonistisch gegenseitig zu blockieren und sinnlos darüber zu räsonieren, wer der bessere von beiden ist.

3 Handwerk im Wandel der Zeit

3.1 Handwerk von gestern

Seit Anbeginn der Menschheitsgeschichte waren Handwerker unter den Völkern vorzufinden (Wolniak & Albrecht, 2019).

Die Geschichte des Handwerks beginnt in ferner Vorzeit mit der systematischen **Herstellung von Speerspitzen und Werkzeugen aus Feuerstein** und führte sehr bald zu entsprechenden Erweiterungen des handwerklichen Spektrums, wobei der Steinzeitmensch vor mehreren tausend Jahren noch die Gesamtheit der Instrumente, die er benutzte, selbst herstellen konnte.

So haben die **Bewohner Mesopotamiens** bereits vor rund 5000 Jahren entdeckt, dass Kupfer geschmolzen werden kann und wenn es mit Zinn versetzt wird, dass daraus Bronze entsteht, die sich sehr gut verarbeiten lässt.

Bereits sehr früh bildeten sich handwerkliche Spezialisten heraus, die Instrumente entwickelten, die es ihnen ermöglichten, komplexe Aufgaben wahrzunehmen und eine breite Palette an Gütern zu produzieren.

Im Laufe der Zeit haben sich somit immer mehr handwerkliche Tätigkeiten herausgebildet, entsprechende Berufe sind entstanden und wieder verschwunden.

Handwerker haben Häuser und Pyramiden gebaut, Tempel und Kirchen errichtet, Transportmittel aller Art entwickelt, Burgen und Paläste dekoriert, Armeen ausgestattet, Städte errichtet, Märkte beliefert, die Menschen ästhetisch und hygienisch her- und leider auch manchmal hingerichtet.

Dabei ist die Entwicklung des Handwerks sehr eng mit der **Landwirtschaft** und der **Kriegskunst** verbunden, da insbesondere die Schmiedehandwerker dazu beigetragen haben, Waffen und Kriegsgerät aller Art herzustellen. Die Rolle der Handwerker in der Landwirtschaft ist im Zusammenhang mit der zunehmenden Verstädterung der Gesellschaften seit dem frühen Mittelalter zu sehen,

M. Ant, *Eine kompetenzorientierte Perspektive des Handwerks im digitalen Zeitalter*, essentials, https://doi.org/10.1007/978-3-658-36531-8_3

da gleichzeitig die Bedeutung der Landwirtschaft als Zulieferer von Nahrungsmitteln wuchs und somit auch die Notwendigkeit, deren Effizienz durch die Weiterentwicklung handwerklicher Verfahren zu steigern.

Während anfangs die Bauern noch eine ganze Reihe von handwerklichen Tätigkeiten selbst ausübten, haben sich diese immer mehr spezialisiert und sind zu eigenständigen Berufen mutiert, wie Metzger, Maurer, Schmied oder Müller.

So ist ein erster **Wandel vom Alleskönner zum Spezialisten** festzustellen, woraus sich im Laufe der Zeit mehrere hundert Berufe entwickelt haben.

Seit menschlichem Gedenken haben die Handwerker mit ihrem Können und ihrem Einsatz zum persönlichen und **wirtschaftlichen Wohlergehen von Gemeinschaften** beigetragen, indem sie mithalfen, die wirtschaftlichen Geschehnisse in den jeweiligen Kulturen und den jeweiligen Zeitaltern zu strukturieren, zu organisieren und zu diversifizieren, und somit zu ihrem Blühen beizutragen.

Allerdings war der **soziale Status des Handwerks** trotz seiner wirtschaftlichen Bedeutung von Anbeginn an sehr begrenzt.

So profitiert der **Demiurgos** in der homerischen Welt zuerst noch von einem höheren Status als Baumeister des Kosmos, doch wurde er alsbald von seinen Götterkollegen mit Gelächter bedacht und als einzigen Arbeiter in dieser illustren Gesellschaft mit dem niedrigeren Rang als Chef der Handwerker tituliert.

Auch wurde **Hephaistos,** in der griechischen Mythologie der Gott des Feuers, der Schmiedekunst, der Metallurgie und der Vulkane, und somit der einzige Handwerker unter dem Dach der Götter, als verkrüppeltes Wesen dargestellt, das in seinem Leben wenig Glück hatte (seine Mutter verstieß ihn, seine erste Ehefrau betrog ihn, seine zweite Ehefrau löste sich in Luft auf), doch er war in der Lage, magische Gegenstände, wie den Dreizack des Poseidon, die Pfeile des Eros, den Donnerkeil des Zeus und den Schild des Achilles herzustellen.

Auch zu Zeiten eines Sokrates und eines Platon waren **im alten Griechenland** körperliche Aktivitäten den Frauen, Bauern, Handwerkern und Sklaven vorbehalten, während der freie Bürger zu Höherem berufen war und sich um die Politik und um die Kunst des Krieges zu kümmern hatte.

Der Handwerker *(gr. bánausos)* musste seine Arbeiten im Hintergrund erledigen und wurde somit nur zu einem geheimen Helden der griechischen Antike, dem es an Feingefühl, Bildung und künstlerischer Ader anscheinend fehlte.

Aber genauso wie die Griechen brauchten auch die **Römer** ihre Handwerker (lat. *faber*), um ihre Bevölkerungen zu ernähren, ihre Städte zu errichten, ihre Straßen zu bauen und ihre Armeen auszustatten. Die römischen Handwerker, zu denen auch zu jener Zeit die Schreiberlinge, Architekten und Ärzte gehörten, haben in der Regel ihre Dienstleistungen als Wanderhandwerker oder in kleinen offenen Werkstätten (lat. *taberna*) feilgeboten, die teilweise in den bevölkerungsreichen Städten eine bemerkenswerte Größe erlangten. Auch in Rom brauchte man viele verschiedene Handwerker, aber genau wie in Griechenland, gönnte man ihnen keinen hohen sozialen Status, da ihr Gewerk als schmutzig und unedel angesehen wurde.

Im tiefen **Mittelalter** übten die Bauern diverse handwerkliche Tätigkeiten einerseits zur Selbstversorgung und andererseits als Nebentätigkeit aus und standen im feudalen System im Dienst ihrer Herren. Doch nach und nach trennten sich die landwirtschaftlichen von den handwerklichen Tätigkeiten, sodass sich im Zusammenhang der Entwicklung der Städte eine ganze Reihe von neuen und autonomen handwerklichen Berufen etablieren konnte.

Die aufkommenden Handwerker mussten anfangen, einer stetig wachsenden städtischen Bevölkerung Unterkunft, Nahrung, Kleidung und Waffen aus Holz, Metall oder Ton sowie Dienstleitungen wie Haareschneiden oder hygienisch-kosmetische Behandlungen anzubieten, da die Selbstversorgung nicht mehr gewährleistet war.

Durch ihre Spezialisierung und den großen Bedarf seitens der Allgemeinheit erlangten die Handwerker nach und nach ihre Unabhängigkeit von den feudalen Herren und konnten sich über höhere Einnahmen im Verhältnis zu den Landwirten freuen.

Gleichzeitig haben die Handwerker frühzeitig Berufsinteressensvertretungen, sogenannte **Zünfte,** gegründet, die ihnen durch ihre strukturierte Organisation wirtschaftliche Vorteile einbrachten. Neben der Gründung der Zünfte ist die Einführung einer **Lehrlings-, Gesellen- und Meisterausbildung** als weiterer strategischer Vorteil anzusehen.

Die Standesvertretungen der Handwerker haben es in vielen Städten zu einem nicht geringen politischen und wirtschaftlichen Einfluss gebracht, die als Interessensvertretungen der Handwerker einerseits den Zugang zum Beruf durch die Ausbildung vom Lehrling über den Gesellen zum Meister, und andererseits die hohen Qualitätsstandards der Gewerke regelten. Anhand der Zünfte schotteten die Handwerker im Mittelalter ihre Märkte mit rigiden Zugangsregeln ab, um sich vor einer zu großen Anzahl an Konkurrenten zu schützen und die Preise zu halten.

Der berühmteste Lehrling in der Geschichte des Handwerks war wohl **Leonardo da Vinci** (1452–1519). Weil dem unehelichen Sohn des Ser Piero als solcher der Zugang zur Universität verwehrt war, konnte er den Beruf seines Vaters, der Notar war, nicht annehmen. Leonardo musste sich deshalb einem Handwerksberuf zuwenden, der weit hinter der sozialen Stellung seines väterlichen Elternteils zurückblieb. 1469 trat Leonardo in das Atelier des berühmten

Malers Verrocchio ein, wo er mehr als 12 Jahre verbrachte, zunächst als Lehrling. Er musste seinen Chef als Gegenleistung für seine Ausbildung entlohnen und konnte sich nach und nach zum Meister-Maler mit Diplom qualifizieren und sich schließlich in seinem eigenen Atelier niederlassen. Während seiner Ausbildung hat Leonardo, wie jeder Handwerker zu seiner Zeit und auch heute noch, im Wesentlichen gelernt, wie ein gewählter Beruf und die damit verbundenen Tätigkeiten optimal ausgeübt, sowie die dazugehörigen Praktiken durch Erfahrung nachhaltig verbessert werden können.

Aber erst in der **Neuzeit** im 18. Jahrhundert konnte sich im Zusammenhang der Französischen Revolution die Gewerbefreiheit durchsetzen, die jedem Bürger das Recht einräumte, ein Handwerk ohne Einschränkungen auszuüben und ein Handwerksbetrieb zu gründen.

Heutzutage wird das Handwerk in den einzelnen Ländern durch jeweilige Handwerks- und Gewerbeordnungen bestimmt, wobei die verschiedenen Handwerkskammern und Innungen die ehemaligen Funktionen der Zünfte übernommen und ausgeweitet haben.

In früheren Zeiten, und teilweise auch heute noch, war es üblich, dass junge Handwerker sich auf **Wanderschaft** begaben und durch die Lande zogen, um in verschieden Teilen Europas unterschiedliche Arbeitstechniken zu erlernen. Diese Wanderschaft diente darüber hinaus dem Erwerb von Lebenserfahrungen und der Verteilung der Arbeitskräfte, und fungierte somit als Mittel gegen Arbeitslosigkeit.

Diese Epoche kennzeichnete sich durch die Entstehung einer großen Vielzahl und Vielfalt an handwerklichen Berufen oder Beschäftigungsfeldern, die als Tätigkeiten mit der Hand notwendig waren, weil die Automatisierung von Vorgängen noch nicht existierte.

In seinem reichlich illustrierten Buch zählt R. Palla (2014) über 200 verschiedene Berufe auf, die in der Zwischenzeit von der handwerklichen Bildfläche verschwunden und deren Werkzeuge nur noch im Museum zu besichtigen sind (z. B. Wagner, Stell- und Radmacher, Harzer, Köhler, Küfer, Schriftsetzer, Reepschläger, etc.).

Die Gründe sind wohl darin zu sehen, dass der technische Fortschritt und die aufkommende Industrialisierung einerseits diese Berufe mit der Zeit haben überflüssig werden lassen und andererseits haben sie dazu beigetragen, dass neue Berufe entstanden sind.

3.2 Handwerk von heute

Das heutige Handwerk ist als Erbe einer langen Geschichte, als Hüter einer ausgedehnten Tradition und Kultur, als stolzer Träger des Gedankens der Progression und als glühender Verfechter einer Lebensart anzusehen. Es hat nach und nach einen Platz in einer globalen Ökonomie eingenommen, um heute ein herausragendes Element zur Förderung der wirtschaftlichen Entwicklung und des sozialen Gleichgewicht zu bilden.

Seit Anbeginn des Zeitalters der Moderne haben sich ebenfalls die Produktionsmethoden verändert. Der Wunsch nach komplexeren Gebrauchsgütern hat dazu geführt, dass der Handwerker nicht mehr länger seine Güter von A bis Z alleine und selbständig herstellen konnte, sondern es fand eine **Neuorientierung im Handwerk** durch die Schaffung einer effizienten Zusammenarbeit zwischen verschiedenen handwerklichen Berufen statt. So z. B. sind Pferdekutschen aus der Zusammenarbeit der Berufe des Schmieds, des Wagners und des Schreiners entstanden.

Gleichzeitig bildeten sich mehr oder weniger große **Manufakturen,** in denen elaborierte Produkte schneller, besser und in höheren Stückzahlen hergestellt werden konnten. Es war gleichzeitig der Anfang eines weiteren Wandels im Handwerk, da durch diese neuen Produktionsmethoden auch nichtausgebildete Personen in diesen Manufakturen Produkte zufriedenstellend herstellen konnten. Diese Industrialisierung der Produktionsmethoden hat aber nicht zu einer totalen Auflösung der handwerklichen Tätigkeiten geführt, sondern dazu, dass sich das Handwerk weiterhin auf die individuelle Herstellung von spezifischen Gütern konzentrieren konnte und die industrielle Herstellung den großen Manufakturen und Fabriken überließ.

Durch die **Einführung von dampfbetriebenen Fabriken** im 18. Jh. änderte sich die wirtschaftliche und soziale Situation der Handwerker, deren Rolle nicht mehr ausschließlich darin bestand, selbst Güter herzustellen, sondern auch die Fabriken und Maschinen zu errichten und zu unterhalten, die die industrielle Produktion von Gütern überhaupt gewährleisten konnten.

Natürlich war das Handwerk von je her einem permanenten Wandel unterzogen, was auch zur Folge hatte, dass verschiedene Handwerksberufe von der Bildfläche verschwanden und manch andere neu hinzukamen.

In der heutigen Zeit ist das Handwerk ein **weites Feld,** mit zahlreichen Berufen, die sich ständig weiterentwickeln, diversifizieren oder spezialisieren, und die in vielen kleinen oder großen Unternehmen praktiziert werden, deren Anzahl und Bedeutung auch in einer hochdigitalisierten und -globalisierten Welt und trotz einer Reihe von konjunkturellen und strukturellen Problemen weiterhin zunehmen.

So ist z. B. die **Anzahl der Handwerksbetriebe** in Deutschland zwischen 1998 und 2020 von 850.586 auf 1.019.638 hochgeschnellt, mit 5.581.000 Mitarbeitern und Mitarbeiterinnen (2019) entsprechend 12 % der bundesdeutschen Beschäftigungsquote insgesamt, sowie einer Beteiligung von 8 % am BIP.[1]

In Frankreich waren im Jahre 2017 1.451.245 Handwerksunternehmen vorzufinden, mit zusätzlichen 177 546 Neugründungen im Jahre 2018, und mit insgesamt 1.800.000 Beschäftigten.[2]

In Luxemburg ist die Beschäftigtenzahl im Handwerk seit 1970 von ± 25.000 Personen auf ± 100.000 im Jahre 2020 (+2,8 % pro Jahr, 51 % Grenzgänger, bei einer Gesamtbevölkerung von 650.000 und 480.000 Beschäftigten) und die Anzahl der Mitarbeiter pro Unternehmen (8000 insgesamt) in dem gleichen Zeitraum von 5 auf 12 hochgeschnellt (21 % der Beschäftigungsquote, 21 % der Unternehmen insgesamt, ± 9 % Anteil am BIP).[3]

Das Handwerk stellt demzufolge in den verschiedenen Ländern ein bedeutender Wirtschaftsfaktor dar, es fungiert als ein sehr dynamischer und herausragender Arbeitgeber, das ist in seinen einzelnen Sparten und in seiner beruflichen Vielfalt nicht mehr aus unserem Leben wegzudenken ist. Das Handwerk mit über 130 Berufen in Deutschland, 125 in Luxemburg und 250 in Frankreich arbeitet tagtäglich individuelle Lösungen als Produkte und Dienstleistungen in sehr zahlreichen und unterschiedlichen Bereichen aus.

Doch trotz alledem ist das Gesamthandwerk mit einer Reihe von **konjunkturellen und strukturellen Problematiken** konfrontiert.

Natürlich hat die Corona-Krise in **konjunktureller Hinsicht** auch ihre Spuren hinsichtlich des Umsatzes und der Beschäftigungsquote im Handwerk hinterlassen, doch haben die handwerklichen Unternehmen, dank ihrer Adaptationsfähigkeit und einer Reihe von finanziellen Unterstützungsmaßnahmen, und trotz der hygienebedingten Einschränkungen und Einbußen in den Jahren 2020/2021, in den meisten Fällen erfolgreich weiterarbeiten können.

In **struktureller Hinsicht** sind dagegen zahlreiche weitere Probleme vorzufinden: jeder braucht einen gut ausgebildeten und kompetenten Handwerker – man denke nur an die Croissants am Morgen, die zeitnahe Reparatur der defekten Dusche oder die vollautomatische Steuerung des Eigenheims –, doch immer weniger junge Leute wollen einen Beruf in diesem Wirtschaftsbereich ergreifen.

---

[1] https://www.zdh.de/daten-fakten/kennzahlen-des-handwerks/.

[2] https://www.insee.fr/fr/statistiques/4277845?sommaire=4318291.

[3] https://www.cdm.lu/en/artisanat/chiffres-et-statistiques.

Alle wollen immer mehr handwerkliche Produkte, aber (fast) niemand will mehr im Handwerk arbeiten.

Wir wollen uns alle frei entfalten, unser eigener Herr und Meister sein, aber wir gehen doch lieber zur Bank oder zu einer Staatsverwaltung, deren starre Strukturen genau das Gegenteil bieten.

Wir arbeiten im Handwerk von morgens bis abends und wollen preisgünstige Qualität abliefern, doch es bleibt keine Zeit mehr, um Zeit in die Weiterbildung zu investieren. Der nicht so gescheite Handwerker, der mit einer stumpfen Säge mühsam einen Baumstamm durchsägen will, wird den Rat des Kollegen nicht hören wollen, seine Säge doch zu schleifen. Dafür hätte er keine Zeit, er müsste ja sägen.

Wir wollen mit der Zeit gehen, aber wir fürchten uns davor, in die neuen Möglichkeiten der Digitalisierung zu investieren oder aber Kredite bei der Bank aufzunehmen.

Das allergrößte Problem des handwerklichen Sektors ist europaweit die vermeintlich zu **geringe Attraktivität des Sektors** und der damit verbundene **Mangel an Nachwuchs- und Fachkräften,** der sicherlich nicht automatisch durch eine weiterführende Akademisierung gelöst werden kann.

Die Arbeit im Handwerk wird von vielen Eltern als schmutzig und schlecht bezahlt angesehen und die meisten Lehrlinge landen in dieser Ausbildungsform, weil es für die höheren Ausbildungswege nicht gereicht hat. Dabei sollten die handwerksskeptischen Eltern einmal aus Anlass der Generalversammlungen der Handwerkskammern oder -innungen den jeweiligen Parkgaragen einen Besuch abstatten und sich die dort geparkten Autos ansehen – der Anblick wir ihre Meinung zum Handwerk mit Sicherheit ändern.

Nichtsdestotrotz ist eine substantielle und permanente Erweiterung der handwerklichen Qualifikationen und der Kompetenzen durch eine systematisierte berufliche Weiterbildung unabdingbar, um mit dem technologischen und dem digitalen Wandel, der Vielfalt der Aktivitäten und den Wünschen der Kunden Schritt zu halten sowie der Heterogenität und den Unzulänglichkeiten der organisatorischen Modalitäten der handwerklichen Unternehmen Herr zu werden.

Auch sind die handwerklichen Unternehmen permanent mit neuen **rechtlichen und normativen Anforderungen** konfrontiert, ihre Produkte und Dienstleistungen müssen mit den technischen und technologischen Entwicklungen, den neuen Werkstoffen und Verfahren, mit zunehmenden städtebaulichen und architektonischen Sachzwängen und neuen Formen der Organisation von Baustellen sowie neuen Themen wie Digitalisierung, Nachhaltigkeit, Energieeffizienz, Recycling oder Kreislaufwirtschaft berücksichtigen.

Zusätzlich sind ein **grenzüberschreitender Wettbewerb** und eine steigende Dominanz ausländischer Arbeitskräfte festzustellen, die in einer engen Verbindung mit der demografischen Problematik der Überalterung der Arbeitnehmer im Handwerk steht.

Um dieser vermeintlichen mangelnden Attraktivität des Handwerks entgegenzutreten, wird es nicht ausreichen, regelmäßig Werbekampagnen zu starten, um die Vorteile der Handwerksberufe hervorzuheben oder Schulklassen in die Handwerksunternehmen zu schicken, sondern es bedarf eines ganzen Pakets von Maßnahmen und Initiativen innerhalb der Branchenverbände und der Unternehmen selbst, indem z. B. durch Umschulungsmaßnahmen **neue Karrieremöglichkeiten** für Arbeitnehmer eröffnen werden, die bisher weit vom Handwerkswesen entfernt waren.

Ein wichtiger Bestandteil eines solchen Vorgehens besteht darin, die handwerklichen Unternehmen **in strategischer Hinsicht** besser aufzustellen, indem übergreifende Unternehmensprojekte definiert werden, mit einer Vision, mit Zielen und strategischen Umsetzungsplänen, die nicht nur dazu führen, das Fundament eines Unternehmens zu stärken, sondern auch um motivierte Mitarbeiter und Mitarbeiterinnen anzuwerben, zu orientieren und zu fördern (Ant, 2018).

Es geht dabei schlichtweg um die konsequente Steigerung und Ausdehnung der **Professionalisierung der handwerklichen Unternehmen,** indem zusätzliche und überlebenswichtige Funktionen integriert werden (Personal- und Ressourcenmanagement, Weiterbildung, Einführung eines Beförderungs- und Laufbahnsystems, Innovationsmanagement, Verbesserung der Arbeitsbedingungen und des Arbeitsklimas durch den Einsatz von entsprechenden Maßnahmen, Erleichterung der Vereinbarkeit von Berufs- und Privatleben unter stärkerer Berücksichtigung der Lebensabschnitte der Arbeitnehmer, konkrete Maßnahmen, um das Risiko von Unfällen oder Berufskrankheiten zu vermeiden und damit zur Erhaltung der Gesundheit der Arbeitnehmer beizutragen).

Um diesen hohen Professionalisierungsgrad zu erreichen, müssen aber einige Kriterien erfüllt werden:

Viele handwerkliche Unternehmen verfügen über eine **zu geringe Größe** (im Mittelwert 10–12 Mitarbeiter und Mitarbeiterinnen, der Unternehmensleiter arbeitet noch auf den Baustellen mit, die Ehefrau führt die Buchhaltung) und sie verfügen über einen **zu geringen Umsatz,** um diese geforderte Professionalisierung stemmen zu können, die u. E. erst ab einer Mitarbeiteranzahl von mindestens 50 Personen zu erreichen ist.

Aus diesem Grunde sollten die Unternehmensleiter von handwerklichen Betrieben häufiger darüber nachdenken, mehrere kleine Unternehmen zu einer größeren Einheit zu fusionieren, auch wenn sie dadurch einen Teil ihrer hochgeschätzten Freiheit und Autonomie aufgeben und sich als Unternehmensleiter spezialisieren müssen.

Darüber hinaus sehen wir es als unabdingbar an, dass die handwerklichen Unternehmensverbände und Innungen vermehrt zur **Gründung von übergreifenden Institutionen** übergehen, wie z. B. in der Weiterbildung (Ant et al., 2018), die autonom gemanagt werden und deren Hauptaufgabe darin besteht, die verschiedenen Unternehmensfunktionen und Anforderungen von Handwerksbetrieben zu übernehmen und professionell abzuarbeiten.

Aber, die **Problematik der Anerkennung des sozialen Statuts der Handwerker** bleibt bestehen: Noch heute werden die wissenschaftlichen Revolutionen bevorzugt und nicht die technologischen Innovationen, die abstrakten Wissenschaften und nicht die angewandten Wissenschaften, die Ideen und Konzepte und nicht die konkreten Errungenschaften, die Arbeitsplätze im Büro und nicht die Arbeitsplätze in den Werkstätten oder auf den Baustellen. Die Arbeit des Physikers wird nach wie vor höher geschätzt als die des Ingenieurs, dessen Beitrag wiederum höher gewertet wird als die Arbeit des Handwerkers oder der Handwerkerin (Janich, 2015).

Nichtsdestotrotz sind die **zeitgenössische Anzahl und die zur Verfügung stehende Auswahl an handwerklichen Berufen** heutzutage weiterhin sehr hoch und sehr variiert.

Beispielsweise:

- Bauhandwerk
  - Hoch- und Tiefbau: Maurer, Straßenbauer, Baugeräteführer, …
  - Gebäudetechnik: Schwachstrom-, Starkstrom-, Gebäudesystem-Elek-triker, Sanitär-Heizung-Klempner, Lüftungs- und Klimaanlagenbauer,
  - Gebäude-Innen- und Außenausbau: Maler, Lackierer, Fassadenbauer, Glaser, Dachdecker, Holz- und Metallbauer, Fliesenleger, Estrichleger, Steinmetz, Gerüstbauer, …
- Fahrzeug- und Maschinenbauhandwerk: Mechatroniker, Maschinenbauer, …
- Lebensmittelhandwerk: Metzger, Müller, Bäcker, Konditor, Koch, Bierbrauer, Winzer, …
- Gesundheitshandwerk: Augenoptiker, Hörakustiker, Zahntechniker, Orthopädieschuhtechniker, …
- Nutzungsgegenständehandwerk: Schneider, Uhrmacher, Hutmacher, Instrumentenbauer, Kürschner, …
- Personenbezogenes Handwerk: Frisör, Kosmetiker, Tattooeur, Pediküre, …
- Kreatives Handwerk: Mediendesigner, Graphiker, Zeichner, …

3.3 Handwerk von morgen

Die Begründungen hinsichtlich der zukünftigen Veränderungstendenzen in den handwerklichen Berufen sind vielfältig. Die handwerklichen Unternehmen sind gezwungen, ihre Wettbewerbsfähigkeit, ihre Produktivität, ihre **Leistungsfähigkeit** sowie die Qualität und die Bandbreite ihrer Produkte und Dienstleistungen permanent zu steigern. Sie müssen ihre **Adaptationsfähigkeit** verbessern, indem sie sich den wirtschaftlichen, technologischen und kommerziellen Entwicklungen ständig anpassen und dafür Sorge tragen, die Kompetenzen ihrer Mitarbeiter und Mitarbeiterinnen zu festigen und weiterzuentwickeln ***(Up-Skilling)*** sowie neue Kompetenzen ***(Re-Skilling)*** herauszubilden.

Unternehmen müssen in ihre **Innovations-, Automatisierungs-, Spezialisierungs-, Diversifizierung- und Flexibilisierungsfähigkei**t durch die Entwicklung von neuen, veränderten und verbesserten Produkten und Dienstleistungen investieren, und bereit sein, ihr **strategisches Managementpotenzial** auszuschöpfen und **agile und effiziente Organisationsmodalitäten** einführen.

Sie müssen auf die sich verändernden **Kundenwünsche** und neuen **Kommunikationskanäle** eingehen (digitaler Zugang zu Produkten und Dienstleitungen, verkürzte Reaktivitätszeiten, Verlagerung von Prozessen hin zu den Kunden, *Customer Journey, …*), sowie die **technologischen und digitalen Entwicklungen** in ihr **Geschäftsmodell** und in ihre **Funktionsweisen** einbinden sowie den **regulatorischen Rahmenbedingungen** Rechnung tragen.

3.3.1 Übermacht der Digitalisierung

Eine der ganz großen Herausforderungen, mit denen die Handwerksbetriebe bereits seit ein paar Jahren konfrontiert sind und in Zukunft noch viel intensiver konfrontiert sein werden, ist die ubiquitäre **Digitalisierung.**

Auch wenn es weiterhin schwierig ist, sich das Konzept der Digitalisierung im Detail vorzustellen, scheint es aber dennoch sicher zu sein, dass das Zeitalter der Digitalisierung weit über die **Informatisierung** der Handwerksbetriebe hinausgeht. Diese bestand seit den 1990ger Jahren darin, Computer zu kaufen, um darauf EDV-Programme zum Schreiben, Rechnen und Präsentieren zu installieren und zu nutzen.

Die **Digitalisierung** geht viel weiter und umfasst weiterführende technologische Systeme, wie Cloud Computing als die bedarfsgerechte Verfügbarkeit von Computersystemressourcen, smarte Software in Verbindung mit künstlicher

Intelligenz, um Daten zu analysieren, zu interpretieren und zu kommunizieren, Trackingsysteme, mit denen sich Maschinen oder Betriebsmittel nachverfolgen lassen, Sensorik als systematische Datenerfassung und -analyse zum antizipativen und automatisierten Produkt- und Verfahrensmanagement, sowie interaktive Homepages, Online-Plattformen, soziale Medien, 3D-Technologien, CRM-ERP-Systeme, branchenspezifische Simulations- und Planungsprogramme, performante Apps, Roboter oder Drohnen.

Durch die allgegenwärtige Verfügbarkeit und kostenreduzierte Zugänglichkeit versetzt die erforderliche Beherrschung solcher Instrumente und Systeme den Handwerker in die Lage, eine viel größere Bandbreite an Produkten und Dienstleistungen besser, effizienter und kostengünstiger zu konzipieren, herzustellen und anhand von neuen Vertriebskanälen zu vermarkten. Darüber hinaus werden die Unternehmensorganisation sowie die interne und externe Kommunikation verbessert, es kann Geld, Aufwand und Zeit gespart werden, es werden Fehler reduziert und die Kompetenzen der Mitarbeiter und Mitarbeiterinnen zielgerichtet eingesetzt.

Die **digitale Kompetenz** besteht darin, die technologischen Aspekte der Digitalisierung auf verschiedenen Ebenen (Anfänger, Anwender, Spezialist) zu beherrschen, indem der Handwerker sich in die Lage versetzt, digitale Geräte und Apparate untereinander zu vernetzen, sie zur Verwaltung, Aufbereitung und Kommunikation von Informationen zu nutzen sowie über das Internet zu steuern. Die Beherrschung dieser Kompetenzen soll es dem Handwerker ermöglichen, in einem digitalen Kontext Inhalte zu erstellen und zu kommunizieren, in Netzwerken mit anderen Partnern zusammenzuarbeiten, Arbeiten kreativ, problemlöseorientiert und effizient zu erledigen sowie als Lern- und Weiterbildungsplattform zu nutzen.

Zusätzlich gehören zur digitalen Kompetenz die ***Social-Media-Skills,*** die auf die Nutzung von modernen Medien verweisen, um Inhalte herzustellen und Informationen aufzubereiten, zu verarbeiten und anhand von diversen Kanälen zu kommunizieren.

Allerdings kann die digitale Vielfalt auch zu einer **Gefahr durch Überforderung und Ablehnung** seitens der Mitarbeiter und Mitarbeiterinnen führen, sie ist trotz allem kosten- und unterhaltsintensiv und schafft manchmal mehr neue Probleme als sie vermag, bestehende Probleme zu lösen. Es muss demnach darauf geachtet werden, dass der betriebene Aufwand nicht die erwarteten Effekte vernichtet, ehe diese überhaupt erst zum Tragen kommen können.

3.3.2 Rückbesinnung auf das Craftering

Als weitere Tendenz möchten wir auf das ***Craftering*** verweisen (fr. *craftérisation* wurde von der Pariser Werbeagentur *Australien* geprägt).

Unter diesem Begriff verstehen wir eine allgemeine Tendenz hinsichtlich einer **Rückbesinnung** auf das Lokale, auf eine Aufwertung des handwerklichen Know-hows, des Handgemachten und der Qualität der Produkte, etc., auf die Werte und Traditionen des Handwerks, auf die traditionellen Kodizes.

Diese werden einerseits dazu benutzt, um vermehrt handwerklich produzierte Waren herzustellen und auch um vielleicht weniger handwerklich hergestellte Waren in diesem Lichte durch die Entwicklung von Narrativen zu kommunizieren, zu vermarken und zu verkaufen. Diese **Narrative** beziehen sich auf solche Begriffe wie Authentizität, Tradition und Qualität und entsprechen damit den Bestrebungen der Verbraucher, neuerdings gesünder zu konsumieren und auf den ökologischen *Footprint* der Produkte zu achten.

Craftering ist die **Rückkehr zu klassischen Werten eines traditionellen Handwerks** und steht im formellen Gegensatz zu industriell hergestellter Ware, deren Akzeptanz aufgrund von Industrieskandalen oder der allgegenwärtigen Umweltproblematik stark gesunken ist. Immer mehr Kunden wollen wieder in ihrem eigenen Lebensraum hergestellte Produkte kaufen, direkt beim lokalen handwerklichen Hersteller, in Verbindung mit einer persönlichen Beratung. Es entstehen immer mehr Mikro-Brauereien, ökoweinproduzierende Betriebe, Bäckereien und Metzgereien mit hochwertigen Produkten aus der Region und demzufolge auch entsprechenden Preisen. Der Kunde ist bereit, weniger Fleisch zu essen, sucht aber nach qualitativ hochwertigen Produkten, für die er mehr ausgeben will.

3.3.3 Aufkommen des Neo-Handwerkers

Wie die Soziologin C. Mazaut (2013) hervorstreicht, ist ein weiterer Wandel im Handwerk festzustellen, und zwar in Bezug auf den Zugang zum Beruf.

In einer klassischen Perspektive führt die **Sozialisation des traditionellen Handwerkers** aus der Familientradition heraus über die Schulausbildung vom Lehrling zum Meister, in Verbindung mit einer mehrjährigen Berufserfahrung, schlussendlich zur Selbstständigkeit und zur Gründung oder Übernahme eines eigenen Unternehmens. In vielen Fällen bleiben diese handwerklichen Unternehmer ihrem Beruf direkt verbunden, da sie sich weiterhin in den Produktionsabläufen involvieren und die kommerziellen, organisatorischen und administrativen Aufgaben zusätzlich bewältigen.

Die Gründe dafür, weiterhin handwerkliche Tätigkeit als Unternehmensinhaber ausüben zu wollen, sind einerseits die persönliche und emotionale Bindung an den erlernten Beruf und andererseits die nicht ausreichende Größe und zu geringe Finanzkraft des Unternehmens, die eine vollständige Delegation der diversen Unternehmensfunktionen an spezialisierte Mitarbeiter und Mitarbeiterinnen nicht zulassen.

Gleichzeitig tritt ein neuer Typus von Handwerksunternehmer auf: der **Neo-Handwerker.** Diese Personengruppe ist nicht von vorneherein dazu prädestiniert, ein handwerkliches Unternehmen zu führen. Deren Mitglieder verfügen dahingehend auch nicht über eine handwerkliche Ausbildung, sondern eher über einen Hochschulabschluss als Ingenieur oder als Betriebswirt. Viele dieser Unternehmer sind sogenannte **Berufsaussteiger** oder **Berufsumsteiger,** die sich im Handwerk eine neue berufliche Identität und Existenz aufbauen, ohne im Handwerk sozialisiert worden zu sein. Sie delegieren dazu die Gesamtheit der handwerklichen Aktivitäten an qualifizierte Mitarbeiter und Mitarbeiterinnen und legen ihren produktiven Fokus auf das Management des Unternehmens. Ihr Bestreben ist der Aufbau und der Ausbau der unternehmerischen Aktivitäten, indem sie größere Einheiten schaffen, die sie professioneller führen und intensiver vermarkten.

Die Motivationen dieser Berufsumsteiger sind vielfältig. Wie A. Jourdain (2014) ausführt, ist bei dieser Personengruppe oftmals ein Gefühl der Unvollständigkeit bei der Arbeit vorzufinden, das sie dazu führt, ihr ursprüngliches Unternehmen oder ihren angelernten Beruf zu verlassen. Zweitens fehlt es diesen Personen, die in vielen Fällen in großen Unternehmen oder hierarchisierten Verwaltungen arbeiten, oftmals an realen Entwicklungsperspektiven und an einer entsprechenden Wertschätzung ihrer Person und ihrer Arbeit. Da sie in großen Produktionsbetrieben nur an kleinen Teilen eines unüberschaubar gewordenen Gesamtprozesses mitarbeiten, entsteht das Bedürfnis, das eigene Selbstwertgefühl wiederum zu restaurieren, indem sie danach streben, über den Status eines Hobbybastlers hinauszugehen und eine Arbeitstätigkeit aufzunehmen, die die Gesamtproduktion eines technologisch innovativen, kreativen und ästhetischen Gegenstandes beinhaltet. Es geht diesen Handwerkern demnach nicht nur darum, die Kontrolle über ihre eigene Arbeit wiederzugewinnen, sondern auch über die eigene Zeit und das eigene Leben.

Dabei ist aber zu vermerken, dass beide Wege zum Handwerk sich nicht antagonistisch ausschließen, sondern dass es sich um komplementäre Ansätze handelt, wobei letzterer auch eine Möglichkeit darstellt, den Mangel an qualifizierten Handwerkern durch eine Öffnung der handwerklichen Zugänge zu überwinden.

Diese neuen handwerklichen Unternehmen, seien sie von traditionellen oder von Neo-Handwerkern gegründet und geführt, gehen auch neue Wege hinsichtlich ihres Geschäftsansatzes, ihrer Tätigkeiten und ihres Selbstverständnisses.

Die Entwicklung dieser Unternehmen basiert meistens auf einer originären und innovativen Geschäftsidee, in Verbindung mit einem ganz spezifischen Know-how, die nicht nur den Akzent auf eine rein technische Ebene verlegt, sondern die auch beratende und künstlerische Elemente beinhaltet und sich auf innovative, ökologische und nachhaltige Produktentwicklungen oder Dienstleistungen fokussiert. Diese Unternehmen arbeiten mit anderen Unternehmen systematisch in Form von arbeitsteiligen Netzwerken zusammen, sie sind hoch informatisiert und professionell organisiert, und neben dem Bestreben, den Fortbestand dieser Unternehmensneugründungen zu sichern, geht es diesen Handwerkern aber nicht nur ums Arbeiten, sondern auch um die Vereinbarung von Beruf, Familie und Freizeit.

3.3.4 Transformation von Berufen

Aber auch innerhalb der handwerklichen Berufe selbst finden einige innovative Entwicklungen statt:

- **Fusion von Berufen**

Eine weitere fundamentale Neuordnung des Handwerks scheint sich anzubahnen, die darin besteht, dass Berufe versuchen, sowohl ihre Ausbildung als auch ihre praktischen Tätigkeiten zusammenzuschließen oder zu fusionieren.

Beispiele:

- Gebäudetechniker
  - Fusion der *Berufe Elektrotechnik – Mess- und Regulierungstechnik – Gebäudeautomatisierung – Heiztechnik – Lüftung-, Klima- und Kühltechnik – Sanitärtechnik Kälte-, Wärme- und Brandisolierung* zum integrierten Gebäudetechniker.
- Lebensmittelhandwerker

- Fusion der Berufe *Bäcker, Konditor, Feinkost und Metzger* zum Lebensmittelhandwerker.

- Mechatroniker
  Fusion der Berufe Maschinenbau, Elektrotechnik und Informationstechnik zum Mechatroniker.

Diese Liste der Fusionsberufe wird sich in Zukunft weiter auffüllen, da sich im Handwerk die Perspektiven ändern und die Berufe den Weg der **Technikintegration und Digitalisierung** mitgehen müssen.

So z. B. ist die **Fusion zum integrierten Gebäudetechniker** dadurch zu rechtfertigen, dass beim Bau von modernen Häusern und Gebäuden, die Techniken aus den verschiedenen Bereichen Elektro-Sanitär-Heizung-Klima immer mehr systemisch verbunden sind und sich gegenseitig als ganze Einheit bedingen und beeinflussen. Aus diesem Grunde ist es nicht mehr sinnvoll, die einzelnen Gewerke separat und unkoordiniert auf der Baustelle auftreten zu lassen, sondern die ganzen hochkomplizierten Installationen müssen aus einer Hand erfolgen, die den ganzen Ablauf von vorne bis hinten kennt und beherrscht.

Hinsichtlich des **Lebensmittelhandwerkers** ist eine ähnliche Entwicklung festzustellen. Metzgereien und Bäckereien bieten in ihren Schaufenstern längst viel zahlreichere und diversere Produkte an als nur Brot, Fleisch und Wurst, sondern sie gehen vermehrt dazu über, zu einem Feinkostladen zu mutieren, der die ganze Palette von Süß- und Salzwaren sowohl dem individuellen Kunden als auch den Unternehmen als Catering anbieten kann.

Der **Mechatroniker** als fusionierter Beruf hat sich aus einer Veränderung der Produktionsmethoden innerhalb der Industrie des Maschinen-, Anlagen- und Automobilbaus ergeben.

Es ist davon auszugehen, dass in Zukunft weitere Berufe sich zu Berufsgruppen zusammenschließen werden, sei es um mit den industriellen oder technologischen Entwicklung mitzuhalten oder aber auch, um mehr Anwärter für diese Berufe anzusprechen.

Allerdings muss man dabei aufpassen, dass die entstehenden Berufsbilder nicht zu sehr vereinfacht und reduziert werden und die Inhaber einer solchen Qualifikation zwar alle Aspekte kurz gesehen oder gehört haben, aber keine Meisterschaft darin erlangen konnten.

- **Hybride Berufe**

Die Hybridisierung bezieht sich auf die neuen Mischformen von Berufen, die eine größere Anzahl und eine breitere Spannbreite an Berufsbildern und -funktionen vereinen. Diese Hybridisierung wird bedingt durch die Notwendigkeit einer erhöhten Durchlässigkeit zwischen den Berufen, deren harten Grenzziehungen dabei sind, sich aufzulösen.

Dadurch sind die Unternehmen aufgefordert, ihre Aktivitäten auf hybrid arbeitende sowie polyaktive, multikompetente und hyperflexible Mitarbeiter und Mitarbeiterinnen zu stützen, die in der Lage sind, Brücken zwischen diversen Fachbereichen zu bauen, verschiedene Aufgaben innerhalb des gleichen Arbeitsplatzes zu übernehmen und komplexe Situationen in Verbindung mit anderen Fachleuten aus unterschiedlichen Fachrichtungen zu analysieren und zu lösen.

Um dies zu erreichen, ist eine Vielfalt von berufsübergreifenden, multifunktionalen Kompetenzen erforderlich, die mehr als ein einziges Berufsbild abdecken.

- **Emergente Berufe**

Emergente Berufe entstehen aufgrund von neuen Bedürfnissen seitens der Unternehmen und ihrer sich verändernden Aktivitäten. Es handelt sich um neue Berufe, die entstehen, wenn sich die Bräuche und Bedürfnisse unserer Gesellschaft verändern, und zwar vor allem in dem Spannungsfeld des ökologischen und digitalen Wandels.

Allerdings ist zu vermerken, dass neue oder emergente Berufe nicht von heute auf morgen *ex nihilo* auftreten, sondern sie sind immer an die technologischen Entwicklungen gekoppelt und als Fortsetzung von traditionellen Berufen anzusehen. Auch ist ihre Anzahl im Handwerk eher marginal, da sich hier normalerweise die überwiegende Mehrheit der Berufe eher progressiv wandelt als komplett neu bildet.

- **Erweiterte Berufe*(Augmented Professions)***

Augmented Professions verweisen auf die horizontale und vertikale Ausdehnung von Berufen hinsichtlich ihrer Aktivitätsfelder und der dazu erforderlichen Kompetenzfelder.

- **Akkulturierte Berufe**

Es zeichnet sich eine weitere Tendenz zur Akkulturierung ab, die sich dadurch kennzeichnet, dass existierende Berufe die traditionellen Werte, Techniken, Werkzeuge, etc. in einer transversalen, horizontalen Perspektive aus anderen Berufen übernehmen und für ihre eigenen Zwecke anpassen.

- **Zukünftige Handwerksberufe**

Es ist natürlich sehr schwierig vorauszusagen, welche handwerklichen Berufe sich in der Zukunft völlig neu entwickeln werden. Hier wird die berühmte Glaskugel, natürlich hergestellt von einem qualifizierten Glaser, auch nicht weiterhelfen.

Anstelle aber, dass vermehrt neue Berufe entstehen, ist eher davon auszugehen, dass sich die bestehenden Berufe zuerst einmal durch eine **zusätzliche Durchdringung aufgrund der weltweit stattfindenden Digitalisierung** fundamental verändern und weiterentwickeln werden.

Auch ist es wahrscheinlich, dass die handwerklichen Berufe immer mehr **übergreifende, interdisziplinäre und transversale Fachkompetenzen** integrieren werden, in Verbindung mit erweiterten Kompetenzen in den Bereichen agiles und mitarbeiterorientiertes Management, Verwaltung, Marketing und Kommunikation.

Die Einführung von smarter Software und künstlicher Intelligenz, des Internets der Dinge, des Cloud-Computing und von Big Data, die Automatisierung, Robotisierung und Cobotisierung, die Nutzung von Drohnen, 3D-Modellen und Druckern sowie von sprachgesteuerten Geräten, die Elektrifizierung der Mobilität, die Möglichkeiten des Internets und die angekoppelte Vernetzung, die Steuerung von Anlagen ohne Kontakt und aus der Ferne, die stetig zunehmenden Regulierungen und Qualitätsnormen, die gesteigerten Erwartungshaltungen der Kunden nach hochspezialisierter Arbeit, die Notwendigkeit der Anwendung von umweltschonenden, nachhaltigen, energieeffizienten und zirkulären Verfahren, die Möglichkeiten der kundenorientierten Plattform-Ökonomie zu Marketingzwecken, die Blockchain-Technologien sowie die Anforderungen an handwerkliche Spitzenleistungen und Ausnahmekompetenzen im Premiumsegment des Marktes zur Erfüllung sehr individueller Kundenwünsche werden sicherlich zu weiteren **tief greifenden Veränderungen im Handwerk** führen und die Handwerker dazu anleiten, sich permanent anzupassen und neue Kompetenzen durch die systematische Teilnahme an Weiterbildungsmaßnahmen zu erlernen.

Darüber hinaus lässt sich insbesondere im Bauhandwerk eine **Weiterführung der Industrialisierung** feststellen. Immer häufiger wird es dazu kommen, dass Wohn- und Industriegebäude in einer industriell oder quasi-industriell ausgerichteten Arbeitsform in spezialisierten Ateliers vollständig vorgefertigt (vorverlegte Kabel und Leitungen, eingebaute Fenster und Dichtungen, …) und auf der Baustelle zusammengebaut oder gar komplett montiert geliefert werden, wie z. B. fertige Badezimmer in neuen größeren Wohnsiedlungen. Dies wird dazu führen, dass auch weiterhin weniger qualifizierte Mitarbeiter und Mitarbeiterinnen diese

Arbeiten durchführen können, wogegen die Planungs- und Vorbereitungsarbeiten eine verstärkte Ingenieursleistung veranschlagen.

Auf dieser Ebene wird die **Schere der Kompetenzen** zwischen einerseits der Ausgestaltung von komplexen Problemstellungen und der Ausarbeitung von individuellen Lösungen sowie andererseits der Montage von vorgefertigten Elementen weiter auseinandergehen.

Die klassische handwerkliche Arbeit auf der Baustelle wird sich daher bei Neubauten eher verringern, wogegen diese Leistungen vermehrt im Bereich der Sanierungen von älteren Gebäuden erfordert sein werden, da dort die industrielle Vorfertigung nur sehr wenig zum Einsatz kommen kann.

Die handwerklichen Baubetriebe müssen sich daher bezüglich ihrer **individuellen Unternehmensstrategien** entscheiden, in welche Richtung sie sich aufstellen und entwickeln wollen: entweder als kleiner Produktionsbetrieb mit 6–12 Mitarbeitern und Mitarbeiterinnen, der sich in Nischen platziert und kleinere Aufträge übernimmt, oder als reiner Dienstleister, der die Aufträge beim Kunden aufnimmt und vermisst sowie an spezialisierte Zulieferer weitergibt und die Ausführung überwacht, oder aber als größerer Produktionsbetrieb mit entsprechender Ingenieursleistung sowie Produktions- und Montageabteilung.

Auch im Lebensmittelhandwerk werden sich die Kompetenzen verändern. Noch vor dreißig-vierzig Jahren haben die Eltern des Kommunionskindes das festliche Essen und die Torte für die Familie selbst zubereitet, das Fleisch beim Metzger oder Bauern um die Ecke gekauft, die Getränke im kleinen Lebensmittelgeschäft abgeholt. Heute ist ein systemischer Ansatz gefragt: eine Cateringfirma wird beauftragt, ein Gesamtkonzept mit Eventcharakter auszuarbeiten, bei dem alle Elemente – inklusive gute Laune – aufeinander abgestimmt sind.

Diese **Notwendigkeit der systematischen und systemischen Abstimmung** trifft auch auf das Bauhandwerk zu. Durch die Energiewende im Bau reicht es nicht mehr, dass ein Gebäudetechniker in der Lage ist, Wärmepumpen, Solar-, Photovoltaik-, Lüftungs- und Regenwasserrückgewinnungsanlagen einzeln auf- und einzubauen, sondern diese müssen untereinander verbunden und miteinander abgestimmt werden. Wenn das Ganze auch noch anhand der BIM-Methode[4]

[4] Die BIM-Methode (*Building Information Modeling*) entspricht einer softwareunterstützten Arbeitsmethode zur Planung, Ausführung und Bewirtschaftung von Gebäuden, wobei alle relevanten Elemente, Produktionsetappen und Arbeitsaufträge digital modelliert und verarbeitet werden.

geplant, einer KNX-Installation[5] gesteuert und über das Internet koordiniert werden soll, dann nehmen die Komplexität der Anlage und damit auch die Anforderungen an den Handwerker exponentiell zu.

Es ist unwahrscheinlich, dass eine Person alle diese Funktionen in sich vereint und im Detail beherrscht, sodass mehrere Spezialisten (Planer, Handwerker und Hersteller) gleichzeitig und koordiniert eingreifen müssen – eine Entwicklung, die wiederum tief greifende Veränderungen auf der Ebene der sozialen, kommunikativen und organisationalen Kompetenzen haben wird.

Auch werden vermehrt neue Vorgehensweisen im Handwerk hinsichtlich Planung und Umsetzung von Aufträgen, Projekten und Arbeiten aufkommen. Als Beispiel kann die **Methode des Bauteams**[6] genannt werden, die darin besteht, alle beteiligten Parteien (Bauherr, Architekten, Ingenieure, ausführende Gewerke) im Bauprojekt so früh wie möglich zusammenzuführen und eine partnerschaftliche Zusammenarbeit zu koordinieren und zu organisieren, innerhalb derer alle anfallenden Aufgaben von vorneherein besprochen, abgestimmt, entschieden und umgesetzt werden, mit dem Ziel, eine Prozess- und Kostenoptimierung zu erreichen.

Wir halten abschließend folgende Aspekte fest:

- Alle Berufe sind dabei sich zu verändern, aber es ist mittelfristig unmöglich mit Sicherheit einzuschätzen, welche neuen Berufe sich entwickeln und welche Berufe sich auflösen werden.
- Die Digitalisierung, genau wie die Informatisierung vor vierzig Jahren, wird einen tief greifenden Effekt auf die Entwicklung der Berufe haben.
- Die aktuell stattfindenden Transformationsmechanismen sollten von den handwerklichen Betrieben als Chance in Richtung einer strategischen Entwicklung und nicht als Belastung angesehen werden.
- Der Handwerker, der glaubt, bereits alles zu können, weil er seinen Beruf seit 20 Jahren ausübt, wird dagegen sicherlich keine wirtschaftliche Überlebenschance mehr haben.

---

[5] Das KNX *(Konnex-Bus)* entspricht einem weltweiten Standard für ein Bussystem als physisches Übertragungssystem von Daten zur Gebäudeautomation, das als Steuerungs- und Kommunikationssystem zur Verbindung von intelligenten Geräten und vernetzten Installationen von Gebäuden genutzt wird.

[6] https://www.akbw.de/download/bauteam-leitfaden.pdf.

3.3.5 Prospektive

Die Frage aber bleibt: Durch welche Methoden und Vorgehensweisen können neue Berufe, neue Berufsprofile und die dazu notwendigen neuen Kompetenzen in Verbindung mit zukünftigen Entwicklungen vorhergesagt werden? Und wie wäre vorzugehen, um sowohl die Unternehmen, deren Mitarbeiter und Mitarbeiterinnen sowie die in der Aus- und Weiterbildung tätigen Institutionen auf diese zukünftigen Entwicklungen vorzubereiten?

Die **prospektive Bestimmung** der zukünftigen Entwicklungen von Berufen dient dazu, die aufkommenden Tätigkeitsfelder und benötigten Kompetenzen systematisch und ko-konstruiert zu antizipieren. Es geht dabei um die Entwicklung von innovativen Vorstellungen von neuen handwerklichen Berufen.

Die Zielsetzung dieses prospektiven Vorgehens (ETF; Cedefop; ILO, 2016) besteht darin, durch eine explorative Ko-Konstruktion z. B. in kollektiven Workshops oder durch Einzelgespräche mit Experten, in Verbindung mit einer ausführlichen Recherche hinsichtlich einer soziologischen und technischen Literatur sowie *Best-Practice*-Modellen, **zukünftige Szenarien** möglicher Tendenzen und Entwicklungen aufzubauen und eventuell anhand der **Delphi-Methode** zu überprüfen und zu vervollständigen, sowie die Konsequenzen dieser Szenarien auf die Tätigkeiten der Unternehmen und ihrer Mitarbeiter sowie auf die und erforderlichen Kompetenzen zu eruieren.

Die **Zukunftsszenarien** entsprechen auf einer **Makroebene** allgemeinen ökonomischen-sozialen-sozietalen-technisch-technologischen-industriellen Tendenzen und Entwicklungen, die die Gesellschaft im Allgemeinen und die Unternehmen im Besonderen betreffen.

Auf einer **Mesoebene** gilt es die erwarteten, theoretischen Berufsbilder als modellierte Menge von ähnlichen beruflichen Tätigkeiten und Kompetenzen zu bestimmen. Dazu ist es unabdingbar, strukturierte Kompetenzrahmensysteme zu entwerfen und sie auf dem neuesten Stand zu halten, die eine detaillierte Beschreibung der aktuellen und zukünftigen berufsbezogenen Aktivitäten und Kompetenzen beinhalten und die gegliedert sind z. B. nach dem Europäischen Qualifikationsrahmen (EQF) und nach thematischen Unterteilungen, wie technisch-technologische und transversale Kompetenzen, Kompetenzen im Zusammenhang der Digitalisierung, der Nachhaltigkeit, der Energieeffizienz und der Kreislaufwirtschaft, sowie Management und *Soft-Skills,* etc.

Auf einer **Mikroebene** geht es darum, die konkreten handwerklichen Tätigkeiten sowie die berufsbezogenen Funktionen und Organisationsmethoden zu bestimmen, auf die sich ein Unternehmen in Zukunft vorbereiten sollte.

Es ist dabei wichtig, diese Zukunftsszenarien in einer **globalen und systemischen Perspektive** zu untersuchen, indem berücksichtigt wird, dass alle Variablen untereinander interagieren und emergent zu neuen Konstellationen führen.

4 Dreiklang des Handwerks

Handwerk ist das Werk der Hand, beseelt vom Herzen, geleitet vom Verstand.

J. W. Goethe

4.1 Handwerk

In einem klassischen Verständnis des Handwerks tätigt der Handwerker sein Werk mit der Hand. Er nutzt die Handwurzel, die Mittelhand und die Finger seiner beiden Hände, die aus zahlreichen Knochen, Muskeln, Gelenken und Bändern bestehen, und manchmal auch unter Zuhilfenahme seiner Arme und sogar seines ganzen Körpers, um Rohstoffe, Materialien und halbfertige Gegenstände zu erhitzen, zu biegen, zu sägen, zu verformen, zu schneiden, zu klopfen, zu hämmern, zu bohren, zu fräsen, zu schmieden, zu schweißen, zu kleben, zu löten, zu montieren, zu fixieren, zu verbinden, zu schrauben, zu zeichnen, zu streichen, zu messen, zu prüfen, etc., etc.

Aber, **Handwerk** ist nie ausschließlich nur von der Hand gemacht worden, da von Anbeginn der Handwerker auch Werkzeuge und Instrumente zur Hand nahm, um seine Tätigkeiten auszuführen – vom einfachen Hammer und Meißel seit der Frühzeit bis hin zum 3D-Drucker von heute. Durch die Verwendung von Werkzeugen und Instrumenten konnte und kann der effiziente Handwerker seine Hände und seine Arme verlängern, die Begrenzungen seiner filigranen Hand ergänzen und die Kraft seiner Muskeln durch Hebel und Maschinen um ein Vielfaches verstärken. Bei jeder Neu- und Weiterentwicklung des Handwerks, sei es durch die Einführung neuer Techniken, Verfahren, Werkzeugen oder Maschinen, haben sich die handwerklichen Berufe verändert und auf die aufgetretenen Neuerungen und

M. Ant, *Eine kompetenzorientierte Perspektive des Handwerks im digitalen Zeitalter*, essentials, https://doi.org/10.1007/978-3-658-36531-8_4

Innovationen eingestellt. Dabei sind aber auch eine Reihe von Handwerksberufen mit der Zeit verschwunden und neue sind hinzugekommen.

Durch diese Entwicklungen musste die Hand im Handwerk immer weniger schwer arbeiten, die physischen Anstrengungen haben immer mehr ab- und die intellektuellen Anforderungen immer mehr zugenommen, sodass seit den letzten dreißig Jahren die handwerkliche Hand immer mehr dazu dient, fertige Teile zu montieren und auszutauschen, Messgeräte einzusetzen, Knöpfe zu drücken, Tastaturen zu betätigen, Bedienungsanleitungen und Produktbeschreibungen zu erkunden oder mit einer Computermaus zu klicken.

4.2 Mundwerk

Bei der zweiten Dimension eines effizienten Handwerks – dem **Mundwerk** – geht es um die sozialen und kommunikativen Aspekte im Handwerk – ohne dabei aber den Handwerkern und Handwerkerinnen ein loses Mundwerk unterstellen zu wollen –, also um deren Fähigkeit, ihr Handeln und Denken mit anderen Handwerkern, Architekten, Ingenieuren, Bauleitern, Kunden oder Zulieferern zu teilen, bzw. zu kommunizieren, zu informieren, zu fragen, zu antworten, zu sprechen, zu schweigen, sich auszutauschen, mitzuteilen, zu erklären, zu unterrichten, vorzumachen, zu diskutieren, zu verhandeln, zu überzeugen, zu verkaufen, aufzufordern, sich zu ärgern, zu schreien, zu flüstern, zu streiten, zu besänftigen, zu emailen, zu skypen, zu motzen, etc., etc.

Dieser Austausch von Informationen kann einerseits innerhalb einer einzelnen Person durch Denken oder Selbstgespräche erfolgen oder andererseits zwischen zwei oder mehreren Personen als Gespräche mit dialogischem und Mitteilungen mit monologischem Charakter, oder mittels Medien, bei dem Sender und Empfänger keinen direkten Kontakt miteinander haben und das Senden und Empfangen von Mitteilungen auch zeitversetzt stattfinden kann.

Die handwerkliche Kommunikation entspricht einer intentionalen Aktivität, die einen Willen, ein Ziel oder einen Zweck voraussetzt. Sie ist als Prozess des verbalen und nonverbalen sowie des expliziten und impliziten Austauschs von Informationen, Botschaften oder Nachrichten zu verstehen, der von einem Sender ausgeht und von einem Empfänger angenommen wird. Dazu verwenden die Gesprächsteilnehmer einen sprachlichen Kanal über den eine codierte Botschaft übermittelt wird (z. B. Versendung einer schriftlich formulierten Botschaft als Email). Kommunikation ist immer bilateral, auf die Sendung einer Botschaft erfolgt normalerweise eine Rückkopplung (Feedback) – oder auch nicht, was ebenfalls eine Botschaft ist.

Der Handwerker oder die Handwerkerin müssen daher darauf achten, dass ihre Kommunikation auch situativ und kontextuell geprägt ist, dass sie zur Herstellung und Aufrechterhaltung eines sozialen Kontakts dient und dass auf der Verwendung eines identischen und geteilten Symbolsystems beruht (Fachsprache, Baupläne, Piktogramme, …).

Da Kommunikation nie ganz eindeutig ist und jeweils einen ausgedehnten Interpretationsspielraum beinhaltet, führt sie zwingenderweise zu vielen Missverständnissen, die durch weitere konstruktive Gespräche gelöst werden können. Eine **effiziente Kommunikation** erfordert daher vom Handwerker oder der Handwerkerin ein konsistentes und kohärentes Vorgehen als widerspruchsfreie und stringent argumentierte Mitteilungen, die nicht auf vorgefertigten Meinungen, sondern auf der Entwicklung, Analyse und Entscheidung von Optionen beruht. Es ist ebenfalls sehr sinnvoll, die handwerkliche Kommunikation auf eine inhaltliche und möglichst fachbezogene, rationale Orientierung auszurichten. Zusätzlich ist es hilfreich, eine gewisse Determiniertheit an den Tag zu legen sowie autonom, konstruktiv und problemlösungsorientiert zu handeln. Handwerker sollten auch andere Positionen und Meinungen akzeptieren und nicht auf ihrem eigenen, reduzierten Standpunkt beharren, sondern Lösungsmöglichkeiten situationsbezogen, inhaltlich differenziert und in einer einfachen Sprache kommunizieren. Dazu gehört auch die Fähigkeit, interessiert zuzuhören und sich sprachlich in einer elaborierten Form ausdrücken zu können.

Handwerkliches Kommunizieren sollte ebenfalls auf ein interdisziplinäres Denken ausgerichtet sein und auf einem methodischen Vorgehen in Form von kleinen Ablaufschritten basieren.

4.3 Kopfwerk

Es reicht aber nicht, etwas zu tun und darüber zu reden, sondern die handwerklichen Tätigkeiten erfordern auch immer mehr ein ausgedehntes **Kopfwerk.** Diese Fähigkeit des Menschen im Allgemeinen und der Handwerker im Besonderen erlaubt es ihnen, komplizierte und komplexe sowie weniger komplizierte und weniger komplexe Informationen wahr- und aufzunehmen, zu analysieren, zu verarbeiten, abzuspeichern und wiederum in veränderter Form abzurufen, ihre Aufmerksamkeit zu fokussieren, Lernprozesse erfolgreich durchzuführen, Ereignissen eine Bedeutung oder einen Sinn zuzuschreiben, sich sprachlich auszudrücken und motorisch zu handeln, Verhalten zu planen und situationsadäquat umzusetzen.

Es sind diese **mentalen Operationen, Prozesse und Strukturen der intelligenten Informationsverarbeitung,** die in der rezenten Vergangenheit an Bedeutung gewonnen haben und in der Zukunft auch noch weiter zunehmen werden – und zwar in allen Berufen, so auch im Handwerk, wenngleich in unterschiedlichen Formen und Ausprägungen. Die ausgeprägten kognitiven Fähigkeiten eines Menschen ermöglichen es ihm, ein flexibles, adaptives und zielgerichtetes Verhalten und Handeln in einer sich ständig verändernden, dynamischen und komplexen Umgebung situationsgerecht einzunehmen und darüber hinaus sich der Auswirkungen des eigenen Handelns vorab bewusst zu werden.

Es muss daher die Zielsetzung im Handwerk sein, auf verschiedenen Wegen komplexe kognitive Leistungen wie Wahrnehmung, Informationsverarbeitung, Gedächtnissystem, Sprachverstehen und Sprachproduktion, Mobilisierung von Ressourcen, Lernprozesse und Problemlösetechniken oder Reflexivität und Metakognitionen durch entsprechende Maßnahmen zu fördern, weiterzuentwickeln und bei der tagtäglichen Arbeit zu implementieren.

Leistungsfähige Handwerker werden demnach vermehrt diese **kognitiven Kompetenzen** systematisch aufbauen und gezielt einsetzen müssen, sei es, indem sie entsprechende Aus- und Weiterbildungsmaßnahmen besuchen oder sich durch Coaching, Selbstreflexion oder Teamarbeit selbst in die Lage versetzen, diese Fähigkeiten auszubauen und intelligent zu nutzen.

Aber, auch wenn die Hand werkeln, der Mund reden und der Kopf denken kann, so bleibt das ganze Unterfangen doch relativ sinnlos, wenn nicht gar esoterisch, wenn es nicht möglich sein sollte, über den Ablauf zwischen Hand und Kopf mit anderen Händen und Köpfen adäquat zu kommunizieren.

Zusätzlich sollte die **Seele** des Handwerkers, wie Goethe es ausdrückte, nicht vergessen werden. Ausgedrückt in einer modernen Terminologie geht es um solche Aspekte wie die Motivation, eine gute Arbeit zu verrichten, den Stolz, der durch eine erfolgreiche Durchführung einer qualitativ hochwertigen Arbeit hervorgerufen wird, die emotionale Bindung zum Beruf, die Identifikation mit dem Beruf, dem Unternehmen und der persönlichen Leistung.

Es geht aber auch um die positiven Korrelationen zwischen der Persönlichkeit und der Sozialisation eines Handwerkers, einerseits, und einem erfolgreichen Handeln in dem jeweiligen Beruf, andererseits. Beibl (2020) hat dazu in einer empirischen Studie folgende Faktoren identifiziert: Ausbildung in dem jeweiligen Beruf, Vorhandensein von anderen Familienmitgliedern in der Selbstständigkeit, Teamgründung, Erfahrung als Unternehmer und in der Branche, Vorhandensein eines privaten und beruflichen Netzwerks sowie neben den handwerklichen Fähigkeiten und Kompetenzen in Buchhaltung, Management und Marketing sowie eine entsprechende Erfahrung in Forschung und Entwicklung.

4.4 Dreiklang – Einklang

Mit anderen Worten: die handwerklichen Tätigkeiten, die sich sowieso nie nur ausschließlich auf der Ebene der Hand abgespielt haben, wurden und werden immer mehr durch die Instanzen Mund und Kopf unterstützt und auf allen Ebenen gesteuert. Zwischen Hand, Mund und Kopf muss daher eine synergetische oder gar symbiotische Verbindung hergestellt werden und nachhaltig bestehen bleiben, um fortdauernd Informationen zwischen diesen Instanzen auszutauschen, damit sich diese koordinieren und gemeinsam kooperieren können, um ein effizientes Handeln zu erlauben.

Die Hand wird viele Bewegungen probieren und durchführen, der Mund wird die dazugehörigen Überlegungen und Vorgehensweisen mitteilen und das Gehirn diese kritisch analysieren und verarbeiten wollen: in vielen Fällen wird es diese intendierten und routinierten Handabläufe zulassen und unterstützen, in manch anderen wird es diese von vorneherein unterbinden.

Andererseits wird das Gehirn von den Händen Bewegungen und vom Mund sprachlichen Äußerungen verlangen, die diese aufgrund einer entsprechenden Ausbildung oder Erfahrung im Verhältnis zu ihren physiologischen Möglichkeiten auch zu seiner vollständigen Zufriedenheit durchführen können.

Falls Hand, Mund und Kopf aber nicht richtig oder nicht effizient zusammenarbeiten, muss der Handwerker oder die Handwerkerin in einer solchen Konstellation neue Wege finden, um die vorab definierten Ziele zu erreichen oder Aufträge zu erfüllen, und darüber hinaus darauf achten, dass kein handwerklicher Frust entsteht oder gar Unfälle passieren.

Die Gesamtheit dieser Aspekte sollten im Übrigen in einer übergeordneten Form in die drei Aspekte Handwerk – Kopfwerk – Mundwerk systematisch und permanent im handwerklichen Verhalten und Handeln integriert werden, sodass im Endeffekt festzuhalten ist, dass gutes Handwerk auf diesem **Dreiklang Handwerk – Mundwerk – Kopfwerk** basiert und es darum geht, diese Faktoren in einen **Einklang** zu bringen, indem der effiziente und kompetente Handwerker oder Handwerkerin dazu übergeht, diese drei Aspekte nicht nur einzeln gut zu beherrschen, sondern indem er oder sie sich selbst und seine, bzw. ihre Mitstreiter in der Lage versetzt, effiziente Synergien zwischen Handwerk, Mundwerk und Kopfwerk herzustellen.

Das Tun eines effizienten Handwerkers könnte demzufolge mit einem Klavierspieler verglichen werden, der einen musikalischen Dreiklang, bzw. Einklang darbieten möchte: zuerst versucht er die drei Noten eines Akkords einzeln rauf- und runterzuspielen (entsprechend eines *Arpeggios*), ehe er dazu übergeht, diese drei Noten zu einem wohlklingenden Akkord zusammenzufügen und im Anschluss daran, Variationen einzuüben (Dur- zu Moll-Akkorden, Ausweitung zu einem Dominant Septakkord, etc.).

Handwerkliche Kompetenzen 5

5.1 Kompetenzmodell

Das Recht zur Ausübung einer handwerklichen Tätigkeit ist traditionell verbunden mit dem Absolvieren einer entsprechenden Qualifikation, die einem Diplom entspricht (Lehrlings- oder Meisterdiplom, Bachelor- oder Masterabschluss) und die aufgrund des Durchlaufens eines sehr strukturierten schulischen und praktischen Curriculums erworben werden kann.

Aber, Qualifikation ist nicht gleich Kompetenz und noch lange nicht Performanz, sodass sich die Frage stellt, ob eine qualifizierte Person auch gleichzeitig als kompetent und performant anzusehen ist.

Wir möchten daher in diesem Abschnitt der Frage nachgehen, was unter dem Begriff der handwerklichen Kompetenz zu verstehen ist und situieren dazu unsere Überlegungen in einem Kontext des **sozialen Konstruktivismus,** der davon ausgeht, dass ein Subjekt sein Wissen und seine Kompetenzen durch seine Reflexionen und Aktivitäten in realen Situationen in Verbindung mit seinen eigenen, subjektiven Vorstellungen und Erfahrungen der realen Welt in der Interaktion mit anderen Menschen eigenständig konstruiert.

Die **soziale Konstruktion von Kompetenzen** basiert auf der Persönlichkeit, den Zielen, Werten, Motivationen sowie auf den Strategien des wissenden und kompetent handelnden Subjekts. Sie erfordert ein faktisches und prozedurales Wissen, sowie kognitive, soziale und manuelle Fähigkeiten, Reflexivität und diverse Erfahrungshorizonte, um in spezifischen Situationen richtige und zutreffende Entscheidungen zu treffen und entsprechend den gestellten Zielsetzungen, den Regeln der Kunst und den definierten Anforderungen adäquate und viable Handlungen durchführen zu können. Die soziale Konstruktion von Kompetenzen erfolgt darüber hinaus in der Interaktion und der Kommunikation in gegebenen

M. Ant, *Eine kompetenzorientierte Perspektive des Handwerks im digitalen Zeitalter,* essentials, https://doi.org/10.1007/978-3-658-36531-8_5

Situationen mit anderen Menschen unter Berufung auf gemeinsame Bezugspunkte (Ant, 2004, 2018).

Wir betrachten die **Kompetenz** als **Potenzial**, das in einer spezifischen Situation aufgerufen und in eine **Performanz** des realen Handelns verwandelt werden kann. Mit anderen Worten, die Performanz entspricht der tatsächlichen Verwirklichung einer potenziellen Kompetenz in einer bestimmten Situation, die sich in Form eines spezifischen und angepassten Verhaltens und Handelns manifestiert, indem die einer Person **zur Verfügung stehenden internalen und externalen Ressourcen** mobilisiert werden, um bestimmte Problemstellungen zu lösen.

Ressourcenbasierte Kompetenzen kommen in bestimmten Raum- und Zeitstrukturen zum Tragen. Sie referieren sich auf vielfältige materielle, körperliche, kognitive, konative, persönliche, emotionale, soziale, technische, technologische, manuelle, materielle, organisatorische, etc., Ressourcen.

Zusammen mit ihren bisherigen Erfahrungen und ihrer Fähigkeit zur Reflexivität ermöglichen sie es den Besitzern dieser Ressourcen, angemessen zu reagieren und die Lösung von Problemstellungen in die Wege zu leiten.

Eine Kompetenz entspricht demzufolge einerseits dem Potenzial oder der Möglichkeit, interne oder externe Ressourcen aufzubauen und zu mobilisieren, und andererseits einem performativen Verhalten, das darin besteht, dieses Potenzial auch konkret und tatsächlich unter gegebenen situativen, kontextuellen, materiellen zeitlichen und räumlichen Anforderungen anhand von eingeübten und reflektierten Handlungsprozessen zu realisieren.

Kompetenzen sind als **situiertes Verhalten** zu verstehen, das eine effiziente, viable, übertragbare und sozialverträgliche Behandlung einer Situation oder einer Familie von Situationen ermöglicht und das dazu dient, Ziele zu erreichen, Probleme zu lösen oder Zwänge zu überwinden.

Entweder ist eine Kompetenz in einer spezifischen Situation als Potenzial bereits vorher vorhanden und die Person kann sie ohne viele Umwege umsetzen, oder diese Kompetenz ist noch nicht verfügbar und wird durch einen dynamischen und interaktiven Prozess bei der Vorbereitung und Durchführung von Aufgaben sowie der Interaktion mit anderen Personen aufgebaut.

Kompetenzen basieren auf **kognitiven Schemata oder Strukturen,** die als mentale Organisationseinheiten von Tätigkeiten eine funktionelle dynamische Gesamtheit darstellen und die auf eine definierte Klasse von Situationen zutreffen. Sie ermöglichen es dem Einzelnen, auf vorexistierende Denkraster zurückzugreifen, sie in spezifischen Situationen oder Familien von Situationen in Echtzeit zu mobilisieren und das Handeln an die Umstände anzupassen. Bei diesen kognitiven Schemata oder Strukturen handelt sich um die Fähigkeit, Informationen,

Theorien, Konzepte, Wissen, Methoden oder Verfahren aufzunehmen, zu strukturieren, zu verbinden, zu verarbeiten, zu speichern, abzurufen und in konkreten Situationen zielgerichtet und passgenau einzusetzen.

Wir halten daher zusammenfassend als **Definition einer Kompetenz** fest:

Eine Kompetenz entspricht einem individuellen, einzigartigen, interaktiv konstruierten und reflektierten **Handlungspotenzial** einer Person, das auf einer Vielzahl von materiellen, körperlichen, kognitiven, konativen, persönlichen, emotionalen, sozialen, technischen, technologischen, manuellen, materiellen oder organisatorischen **Ressourcen** beruht, die zum Handeln erforderlich sind und die einzeln oder kombiniert sowie in einer nicht zufälligen Form operationalisiert und mobilisiert werden können, um eine unbegrenzte Anzahl von konkreten Leistungen oder Performanzen zu absolvieren, von Routine- oder neuen Aufgaben zu erledigen, von diversen persönlichen und beruflichen Zielsetzungen zu verfolgen und von komplexen Problemstellungen zu lösen, unter Berücksichtigung der gegebenen Situationen oder des vorhandenen Kontexts, sowie der gültigen Regeln, Verfahren und Codes.

Kompetenzen sind eingebunden in **dynamisch organisierte kognitive Schemata,** die die Mobilisierung dieser Ressourcen strukturieren und steuern. Sie werden von der Person im Zusammenwirken mit anderen Menschen ko-konstruiert und können sich durch entsprechende kommunikative und reflexive Auseinandersetzungen mit der Außenwelt systematisch entwickeln, aktualisieren und anpassen.

Die Kombination und der **willentliche Einsatz** dieser Faktoren ermöglichen es einer Person, Handlungsziele zu definieren und zu verfolgen, sich auf bestimmte Situationen einzustellen, auf unvorhergesehene Schwierigkeiten zu reagieren, mit den Komplexität und Unsicherheiten des Realen umzugehen, Ziele zu definieren und Strategien umzusetzen, und dabei die eigenen Ressourcen nach Bedarf effizient zu nutzen sowie die bestmöglichen Ergebnisse zu erzielen.

Eine Kompetenz entspricht somit der Fähigkeit, in bestimmten Situationen eine **unbegrenzte Anzahl von Aufgaben oder Tätigkeiten auszuführen,** die nicht unbedingt vorhersehbar sind und die nicht direkt erlernt wurden.

Die Kompetenzen eines Handwerkers oder einer Handwerkerin entsprechen demnach nicht der Summe seines oder ihres Wissens über ein bestimmtes Thema, sondern der Fähigkeit, die vorhandenen Kenntnisse und Kompetenzen durch Assimilation und Akkommodation auf neue, unbekannte Situationen, Umstände oder Gegenstände zielgerichtet anzuwenden, bzw. neue Kenntnisse und Kompetenzen aufzubauen.

Doch auch wenn das Verhalten und das Handeln eines Handwerkers oder einer Handwerkerin nicht vorhersehbar sein kann oder muss, darf ihr Verhalten und Handeln deswegen **keinesfalls als Produkt des Zufalls** entstehen. Ein Experte würde kaum als solcher anerkannt werden, wenn er seiner persönlichen und augenblicklichen Inspiration freien Lauf ließe. Im Gegenteil, die Aufgabe eines Handwerkers oder einer Handwerkerin besteht darin, eine argumentative Darstellung einer bestimmten Situation oder einer bestimmten Problematik zu konstruieren sowie Lösungsvorschläge zu erarbeiten, die in einem bestimmten Kontext der Fachlichkeit eingebunden sind und dem *State-of-the-Art* des Berufes entsprechen.

5.2 Charakterisierung

Neben dieser allgemeinen Definition des Begriffs der Kompetenzen möchten wir dieses Konzept anhand einer Reihe von Prinzipien vervollständigen:

- **Das konstruktivistische Prinzip**

Die Kenntnisse, Kompetenzen und Performanzen einer Person werden anhand und innerhalb von kognitiven Strukturen oder Schemata durch Assimilation und Akkommodation von Informationen, durch Tätigkeiten in Situationen, durch die Interaktionen zwischen Akteuren und die Reflexion dieser Akteure über ihre Handlungen konstruiert, orchestriert und mobilisiert.

- **Das kognitive Prinzip**

In einer kognitiven Perspektive wird Kompetenz definiert als die Fähigkeit, ein zielorientiertes und problemlösendes Denken und Verhalten in einer bestimmten Situation aufzuweisen, und kann dann als effizient angesehen werden, wenn die Lösung der Problemstellung den Kriterien oder Anforderungen entsprechend zufriedenstellend behandelt wurde.

- **Das Prinzip der Ressourcen**

Die Kompetenzen beruhen auf dem Aufbau und Vorhandensein, der Beherrschung, Auswahl, Kombination, Koordinierung und gleichzeitigen und gezielten Umsetzung interner Ressourcen (Wissen, Erfahrungen, praktische Fähigkeiten, persönliche Qualitäten usw.) und externer Ressourcen (berufliche Beziehungen,

Dokumentationen, Datenbanken usw.). Die Person wählt diejenigen aus, die am besten geeignet erscheinen, um angemessen auf die Situation zu reagieren und stellt sie selektiv, geordnet, koordiniert und priorisiert miteinander in Verbindung.

- **Das Prinzip der Selbstschöpfung**

Der Einzelne baut seine Fähigkeiten eigenständig durch die Kombination, Koordination und die durchdachte und dialogische Mobilisierung sowohl seiner internalen Ressourcen als auch seiner externalen Ressourcen auf, die sich von Person zu Person unterscheiden und sich im Laufe der Zeit verändern und weiterentwickeln.

- **Das Prinzip des Situationsverständnisses**

Die Mobilisierung einer oder mehrerer Kompetenzen beruht auf der Interpretation und dem Verständnis einer Situation, eines gegebenen Kontextes und einer anstehenden Problematik.

- **Das systemische Prinzip**

Kompetenzen bilden systemische Einheiten, deren Elemente untereinander verknüpft und miteinander interaktiv verbunden sind.

- **Das Prinzip der Handlung**

Die Kompetenz beinhaltet einen operativen Charakter. Ihre Bedeutung ergibt sich aus dem Kontext einer Handlung und kann mit Hilfe von Instrumenten, Werkzeugen und Arbeitsmethoden reproduziert werden.

- **Das teleologische Prinzip**

Die Kompetenz erfolgt in Verbindung mit zu erreichenden und erreichbaren Zielsetzungen.

- **Das situative Prinzip**

Eine berufsbezogene Kompetenz wird immer in einer bestimmten Arbeitssituation und in einem gegebenen Kontext mobilisiert und umgesetzt. Sie manifestiert sich nicht *ex nihilo,* sie verfolgt immer einen Sinn und einen Zweck.

- **Das Prinzip der situativen Intelligenz**

Die situative Intelligenz der Akteure wird durch ihre Fähigkeit gefördert, sich an neue Situationen anzupassen, ihre Reaktionsfähigkeit in der Aktion zu steigern, ihre Erfahrungswerte einzusetzen und die Gesamtheit ihrer internen und externen persönlichen Ressourcen adäquat zu mobilisieren.

- **Das Prinzip der Viabilität**

Die Kompetenz führt dazu, dass eine Performanz machbar und durchführbar wird, dass sie sozial und normativ zulässig ist, dass sie im Hinblick auf die vorgeschriebenen Kriterien als akzeptabel und nachhaltig angesehen wird und dass keine zusätzlichen Maßnahmen mehr erfordert werden, um die definierten Ziele zu erreichen.

- **Das dynamische Prinzip**

Die Kompetenz kombiniert in dynamischer Form die einzelnen Komponenten, aus denen sie zusammengesetzt ist (Wissen, Persönlichkeit, Ressourcen, usw.).

- **Das evolutionäre Prinzip**

Eine Kompetenz befindet sich in einem ständigen Entwicklungsprozess, der sich über einen bestimmten Zeitraum erstreckt und wobei die Entstehung neuer Kompetenzen auf bereits bestehenden Kompetenzen beruht.

- **Das maïeutische Prinzip**

Die Kompetenz ist in die persönlichen und sozialen Lernprozesse einer Person integriert und verbindet abstraktes, experimentelles und erfahrensbasiertes Lernen miteinander. Dieser Prozess kann durch externe Maßnahmen, z. B. durch die berufliche Erst- und Weiterbildung, in Verbindung mit realen und konkreten Arbeitssituationen, verstärkt werden, um die bestehenden Ressourcen zu ergänzen, zu erweitern und neu zusammenzusetzen, bzw. das Verhalten und Handeln in Richtung Effizienz zu verändern.

- **Das Prinzip der Übertragbarkeit**

Kompetenzen können von einer Arbeitssituation auf eine andere übertragen werden. Dies ermöglicht es einer Person, ihre Kompetenzen in vielen Situationen zu nutzen, auch wenn eine spezialisierte Kompetenz mit einer bestimmten Arbeitssituation verbunden ist und in einem anderen Kontext nicht ohne Weiteres und nicht ohne Anpassungen genutzt werden kann.

- **Das Prinzip der Rückwirkung**

Kompetenzen können nicht direkt beobachtet werden, sie sind nicht direkt zu vermitteln oder zu ermitteln, sondern sie manifestieren sich in geeigneten und günstigen Prozessen und Situationen als beobachtbares Verhalten und Handeln. Eine Kompetenz kann nur rückwirkend oder nachträglich identifiziert werden, d. h. erst nach der Realisierung, Bewertung und Validierung der erzielten Ergebnisse als Performanz in einer Situation.

- **Das metakognitive Prinzip**

Kompetenzen manifestieren sich einerseits als vorhandene Fähigkeiten, die ohne größere Umwege in Leistung umgesetzt werden können, und andererseits als Fähigkeiten, über die eigenen Kompetenzen nachzudenken und sie gegebenenfalls strukturiert weiterzuentwickeln.

- **Das normative Prinzip**

Die Kompetenzen müssen in einem Kontext einer kollektiven Anerkennung gesehen werden, da es nicht ausreicht, sich selbst als kompetent zu erklären, sondern die erworbenen Kompetenzen müssen in einem sozialen Kontext akzeptiert und anerkannt werden, sei es durch ein Diplom, durch eine Gruppe von *Peers* oder durch Testverfahren.

5.3 Kompetenzen 4.0

Es steht wohl ohne Frage fest, dass wir uns zu Anfang des XXI. Jahrhunderts mitten in einer neuen industriellen Revolution befinden.

Dies **erste industrielle Revolution** (2. Hälfte des 18. Jh.) bezog sich auf den Einsatz von wasserdampfbetriebenen Maschinen, die **zweite industrielle Revolution** (Ende 19. Jh.) auf die Nutzung elektrischer Energie und die Entwicklung der chemischen Industrie, die dritte seit den 1970ger Jahren bezieht sich auf die Informations- und Automatisierungstechnik.

Schon diese **dritte industrielle Revolution** hat zu tief greifenden Umwälzungen auf der Ebene der erforderlichen Kompetenzen geführt. Seit den 1970ger Jahren und insbesondere seit der massiven Einführung der *Personal Computer* mussten die Menschen umlernen, d. h. neue Kompetenzen erwerben, um diese Geräte und deren Möglichkeiten bedienen und beherrschen zu können. Es ging darum, eine Tastatur, ein Monitor, einen Nadeldrucker und ein Diskettenlaufwerk zu bedienen, eine Software zu installieren und zu nutzen oder auch darum, ein paar MS-DOS Kommandos zu beherrschen. Später kam noch die nervenaufreibende Einrichtung und Einstellung eines klangreichen Modems dazu.

Die aktuelle **vierte industrielle Revolution,** oder Industrie 4.0, geht weit über das Zeitalter der Informatisierung hinaus und kann mit dem Stichwort **Digitalisierung** subsummiert werden, wobei es sich dabei vornehmlich um die Verbindung, Zusammenführung und Vernetzung von modernen Informations- und Kommunikationstechnologien sowie physischen Gegenständen in intelligente, zusammenhängende und digitale Systeme handelt (Internet der Dinge, Sprachsteuerung, *Augmented Reality, …*).

Es ist hier die Rede von **komplexen Systemen,** die sich dadurch kennzeichnen, dass sie aus einer mehr oder weniger großen Anzahl an Komponenten bestehen, die internen und externen Einflussfaktoren ausgesetzt sind, und die dynamisch, nicht linear und emergent, also nicht vorhersehbar, agieren.

So z. B. ist ein **Flugzeug-Cockpit** zwar sehr kompliziert aufgebaut, aber hoffentlich kein komplexes System, da die einzelnen Funktionen sehr wohl voraussehbar sein sollten. Wenn ein Pilot einen Knopf drückt oder einen Schalter bewegt, dann muss auch ganz linear die gewünschte und entsprechende Maßnahme erfolgen. Im Gegensatz dazu ist ein **Teller Spaghetti** als ein komplexes System aufzufassen, da beim Ausschütten der Spaghetti vom Topf auf den Teller nicht vorhergesagt werden kann, wie sich die Spaghetti auf dem Teller verteilen werden. So folgen nämlich keinem deterministischen Plan.

Demzufolge sind in einem neuen Zeitalter auch **neue Kompetenzen** erforderlich, weil permanent Disruptionen und Innovationen auftreten, die Welt von Unsicherheiten geprägt ist, die sofort zu **neuen, emergenten, sowie unvorhersehbaren Komplexitäten** führen, die es zu bewältigen gilt, und zwar nicht mehr nur ausschließlich von Wissenschatlern und Tüftlern in ihren Studierzimmern oder Laboratorien, sondern von den Menschen im Allgemeinen und den Handwerkern im Besonderen.

Bei diesen neuen Kompetenzen geht es um die Fähigkeit, sich in komplexen, d. h. unbekannten, dynamischen, emergenten und unvorhersehbaren Situationen situationsadäquat und zielgerichtet zu verhalten und entsprechend effizient zu handeln.

5.4 Strukturmodell

Aus den vorangehenden Überlegungen möchten wir an dieser Stelle ein Strukturmodell der handwerklichen Kompetenzen ableiten, das wir in drei verschiedene Kompetenzebenen unterteilen und entsprechend spezifizieren möchten, siehe Abb. 5.1.

Die ***Tech-Skills*** **als Handwerk** beziehen sich auf technische und technologische Kompetenzen, demnach auf das eigentliche Handwerk, und beinhalten fachliches und berufsbezogenes Wissen, Können, Erfahrungen, Einstellungen und Expertise.

Die ***Non-Tech-Skills*** **als Mundwerk** sind allgemeiner und beziehen sich auf soziale, kommunikative und manageriale Kompetenzen, die nur indirekt berufsbezogen sind, die sich aber auf einer übergeordneten Ebene als notwendig erweisen, um die handwerklichen Tätigkeiten auszuüben. Ohne diese Kompetenzen könnte kein Handwerker und keine Handwerkerin existieren und auch ohne

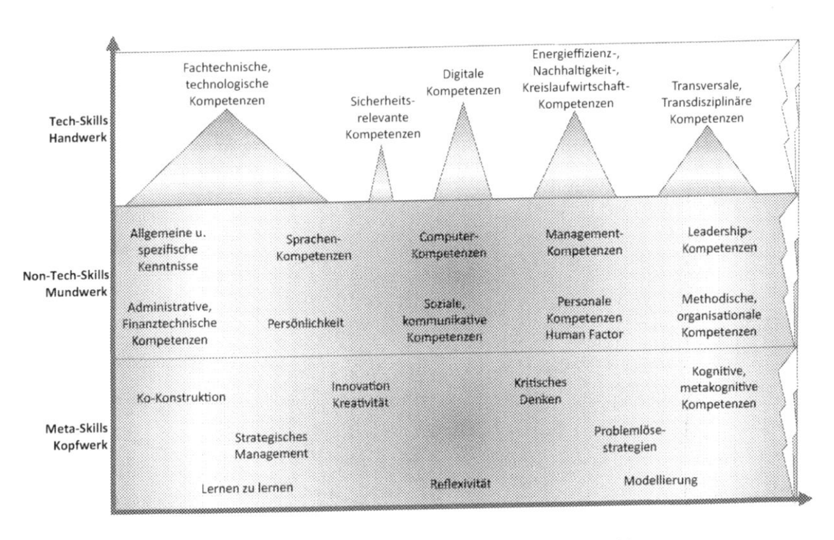

Abb. 5.1 Strukturdiagramm der handwerklichen Kompetenzentwicklung

ein entsprechendes Management und Leadership wird kaum ein handwerkliches Unternehmen überlebensfähig sein.

Die ***Meta-Skills* als Kopfwerk** sind auf einer höheren Ebene angesiedelt und sollen dazu beitragen, das eigene Vorgehen zu reflektieren, Lernprozesse bewusst einzuleiten und als Katalysatoren zur Entwicklung von neuen *Tech-* und *Non-Tech-Skills* zu fungieren. Sie fördern im Wesentlichen den qualitativen- und quantitativen Auf- und Ausbau von kognitiven Strukturen oder Schemata, die ihrerseits die Entwicklung und Integration von neuen Kompetenzen wesentlich vereinfachen oder gar erst ermöglichen. Sie bedingen eine strukturierte, strategische, systematische und methodische Vorgehensweise des Denkens, Verhaltens und Handelns zur Vorbereitung, Durchführung und Nachbereitung von handwerklichen Aktivitäten.

Sie bilden die höchste Ebene der handwerklichen Kompetenzen und werden in einem Kontext der Komplexität und Emergenz immer wichtiger. Sie beziehen sich auf die **Fähigkeit des Nachdenkens über das Denken, Verhalten und Handeln** der eigenen Person oder von Kollegen und Kolleginnen, mit dem Ziel, die vorhandenen oder zu entwickelnden Kompetenzen und Performanzen einer Person oder einer Gruppe von Personen nachhaltig zu fördern, zu verbessern und auf eine höhere Ebene zu führen.

Die *Meta-Skills* können nur sehr indirekt durch entsprechende Aus- und Weiterbildungsmaßnahmen erlernt werden, ihre Entwicklung kann zwar durch solche Maßnahmen angeregt und katalysiert werden, doch bedarf es weitgehenden persönlichen Anstrengungen, die sich über das ganze Leben erstrecken dürften, um ein Meister in dieser Disziplin zu werden. *Meta-Skills,* die nicht mit *Soft-Skills,* personalen Kompetenzen oder mit dem Konzept der Persönlichkeit verwechselt werden sollten und weit über die technische Ebene hinausreichen, kennzeichnen sich durch ihre zeitliche Dimension der Langfristigkeit und sind eine Voraussetzung für die erfolgreiche Entwicklung von *Tech-Skills* und *Non-Tech-Skills.*

So z. B. ist der Vorgang, eine Fremdsprache zu erlernen und zu sprechen als eine *Non-Tech-Skill* anzusehen, die auf der Mundwerksebene des Objektlernens abläuft. Dagegen ist die Beschäftigung mit dem Aufbau und den Strukturen einer mitteleuropäischen Sprache oder mit sprachenspezifischen Lerntechniken als Meta-Lernen, bzw. als *Meta-Skill* zu bezeichnen.

Wir halten fest, dass auf allen drei Strukturebenen in einer **horizontalen Perspektive** von einer **Zunahme der Anzahl der Kompetenzen** und in einer **vertikalen Perspektive** von einer **Vertiefung der handwerklichen Kompetenzbereiche** gesprochen werden kann.

Dabei sind die *Tech-Skills* noch verhältnismäßig einfach zu identifizieren und durch Weiterbildungsmaßnahmen in einer Zeitdimension der Kurzfristigkeit zu erweitern und zu verbessern.

Bei den *Non-Tech-Skills,* die mittelfristig erlernbar sind, und insbesondere bei den langfristig zu entwickelnden *Meta-Skills,* erweist sich die Sachlage als weitaus schwieriger, da es sich um soziale und kommunikative Kompetenzen handelt, die nur teilweise oder nur indirekt beobachtbar und vermittelbar sind.

Es wird nach wie vor schwierig sein, die Handwerker und die Handwerkerinnen, wie alle anderen Menschen auch, systematisch hinsichtlich ihrer *Meta-Skills* Möglichkeiten zu fördern, wenn die Person nicht von sich aus die Bedeutung dieser Kompetenzen erkennt und bei sich selbst fördert.

5.4.1 Tech-Skills

- **Fachtechnische/technologische Kompetenzen**

Die technischen oder fachlichen Kompetenzen beziehen sich auf die Anforderungen eines Berufs, die technologischen Kompetenzen auf die Beherrschung der neuen Informations- und Kommunikationstechnologien.

- **Sicherheitsrelevante Kompetenzen**

Diese Form von Kompetenzen bedingt das präventive und reaktive Verhalten in sicherheitsrelevanten Situationen, wie Bedienung von Maschinen, Feuerbekämpfung, Notfallmaßnahmen, …

- **Computer-Kompetenzen**

Es handelt sich um die Gesamtheit an Kompetenzen, die in Verbindung zu Tätigkeiten stehen, die mit einem Computer ausgeführt werden, wie z. B. Textverarbeitungs-, Kalkulations-, Präsentations-, Bildbearbeitungs-, Content Management- und Statistikprogramme, sowie die Manipulation von Betriebssystemen oder die Einrichtung von Netzwerken und die Nutzung des Internets oder von Social Media.

- **Digitale Kompetenzen**

Bei den digitalen Kompetenzen geht es um die Konzeption, Bedienung, Nutzung, Vernetzung und Kommunikation von und zwischen digitalen Technologien und Geräten, bzw. auch Menschen, mit dem Ziel, Informationen und Inhalte intelligent, problemlöseorientiert und vernetzt zu managen.

- **Energieeffizienz-, Nachhaltigkeit-, Kreislaufwirtschaft-Kompetenzen**

Diese Kompetenzen stehen in einem direkten Zusammenhang zu den Kontexten der Energieeffizienz, der Nachhaltigkeit und der Kreislaufwirtschaft, und bezeichnen die Fähigkeit, diese Konzepte zu verstehen und deren grundlegende Prinzipien in die tagtägliche handwerkliche Arbeit einzubauen.

- **Transversale/transdisziplinäre Kompetenzen**

Es handelt sich um Kompetenzen, die einerseits in einem spezifischen Kontext oder in der Bewältigung einer bestimmten Situation erworben und auf andere Situationen oder Kontexte mit eventuell leichten Anpassungen übertragen werden können oder müssen, und die andererseits die verschiedenen Wissens- und Handlungsgebiete integrativ miteinander verbinden.

5.4.2 Non-Tech-Skills

- **Allgemeine und spezifische Kenntnisse**

Es handelt sich um den Aspekt des faktischen Wissens als Teilbereich der Kompetenzen, als das bestmögliche Management von Wissen, um die Art und Weise wie Wissen aufgenommen, intelligent verarbeitet und gespeichert, sowie wiederum zweckgebunden und zielgerichtet abgerufen und eingesetzt wird.

- **Sprachen-Kompetenzen**

Die sprachliche Kompetenz entspricht der Fähigkeit sich fließend, deutlich, verständlich und situationsangepasst mündlich und schriftlich auszudrücken, seinen sprachlichen Ausdruck an den Gesprächspartner und die Situation anzupassen, ein fachlich orientiertes Vokabular und eine situationsgerechte Wortwahl zu verwenden, sein schriftliches Ausdrucksvermögen zu verfeinern, den eigenen Wortschatz auszubauen sowie eine gewisse Stilsicherheit einzuüben.

- **Management-Kompetenzen**

Managementkompetenzen beziehen sich auf die erfolgreiche strategische, organisatorische, finanz- und verwaltungstechnische Entwicklung eines Unternehmens.

- **Leadership-Kompetenzen**

Leadership entspricht einem zielgerichteten Beeinflussungsprozess, um das Verhalten und Handeln von Personen oder Gruppen in mehr oder weniger strukturierten Arbeitssituationen entsprechend den unternehmerischen Zielsetzungen zu verändern. Um diese Ziele zu erreichen, bedarf es sehr vielfältigen Leadershipkompetenzen, wie z. B. Gruppenprozesse steuern, Personen beeinflussen und motivieren, neue Realitäten ko-konstruieren, Rollen einnehmen, Informationen konstruieren, Strukturen initiieren, Strategien entwickeln, etc.

- **Administrative und finanztechnische Kompetenzen**

Es handelt sich um Kompetenzen aus dem Bereich der allgemeinen Verwaltung, der Betriebswirtschaft und des Rechnungswesens.

- **Soziale, kommunikative Kompetenzen**

Hier stehen die Interaktion und die Kommunikation von Personen im Vordergrund.

- **Personale Kompetenzen/Human Factor**

Die personalen Kompetenzen umfassen jene Kompetenzen, die die Persönlichkeit, Werte, Charakteristiken, Eigenschaften, Dispositionen und Einstellungen einer Person als Gesamtsumme der Verhaltens-, Handlungs-, Denk-, Einstellungs-, Reaktions- und Interaktionsweisen eines Individuums wiedergeben.

- **Methodische und organisationale Kompetenzen**

Hierbei geht es einerseits um das Anwenden von Arbeitsmethoden und -techniken und andererseits um einen sowohl kombinierten und strukturierten als auch um einen zielgerichteten und bedarfsorientierten Einsatz von diversen Ressourcen und optimalen Vorgehensweisen in einer Organisation.

5.4.3 Meta-Skills

- **Kompetenz zur Ko-Konstruktion von Sinn und Realität**

Es handelt sich um die erweiterte Notwendigkeit den Handwerker in die Lage zu versetzen, neue diskursive Realitäten durch Sprache, Kommunikation und Interaktionen in ihren unterschiedlichen Wahrnehmungs- und Darstellungsformen zu schaffen sowie einen Prozess der kontinuierlichen Schöpfung anzuregen. Neue diskursive Realitäten entstehen durch die Fähigkeit der Ko-Konstruktion von Sinn und Realität als Prozess und Ergebnis von Interaktionen und diversen Kommunikationspraktiken unter sozialen Akteuren, die in einem bestimmten Kontext oder Situation stattfinden und auf die Erreichung einer spezifischen Zielsetzung ausgerichtet sind.

- **Innovations- und Kreativitätskompetenz**

Die Innovationskompetenz besteht darin, unterschiedliche Aspekte und vielfältige Methoden und Ergebnisse miteinander zu kombinieren und daraus neuartige Lösungsmöglichkeiten abzuleiten. Die Kreativitätskompetenz besteht darin, originelle Ideen und Lösungsvorschläge anhand von Kreativitätstechniken auszuarbeiten.

- **Kompetenz des kritischen Denkens**

Diese Kompetenz bezieht sich auf ein analytisches und reflexives Verhalten zur Strukturierung von Problemlösungsansätzen, zur kreativen Entwicklung, zur Begründung sowie zur Evaluation von hypothesengeleiteten Entscheidungen.

- **Kognitive Kompetenz**

Die kognitiven Kompetenzen umfassen Wahrnehmung, Denkfähigkeit, Gedächtnis, Problemlösefähigkeit und Kreativität einer Person.

- **Metakognitive Kompetenz**

Es geht darum, Kompetenzen zu erlernen, zu entwickeln und einzusetzen, die es einer Person erlauben, weitere Kompetenzen eigenständig zu entwickeln, zu erlernen und einzusetzen.

- **Kompetenz des strategischen Managements**

Dieser Fähigkeit bezieht sich auf den Prozess des strategischen Managements, der aus mehreren Phasen besteht: Analyse der internalen und externalen Bedingungen, Definition der zukünftigen und langfristigen Orientierungen und Zielsetzungen, sowie der Umsetzung und Evaluierung von entsprechenden Projekten, um nachhaltige Veränderungsprozesse zu implementieren.

- **Kompetenz des Entwurfs von Problemlösestrategien**

Eine weitere wesentliche Kompetenz besteht in der Fähigkeit, Problemlösestrategien zu entwickeln und umzusetzen, mit dem Ziel, Problemstellungen zu identifizieren und zu analysieren, um daraufhin adäquate und viable Lösungen zu entwickeln und zu implementieren.

- **Kompetenz des Metalernens**

Metalernen entspricht der Kompetenz eines selbst- und fremdreflexiven Lernens des Lernens durch das Verständnis und die Anwendung von lernpsychologischen Prinzipien zur Kompetenzerweiterung in berufsbezogenen Situationen.

- **Kompetenz der Reflexivität**

Reflexivität ist ein Merkmal des professionellen Handelns, das die erfolgten und beabsichtigten Handlungs- und Vorgehensweisen analysiert und konzeptualisiert, sowie mit kreativen Arrangements und neuen Aktionswegen experimentiert, mit dem Ziel, sowohl die Qualität und die Wirksamkeit von Praktiken zu fördern als auch die Effizienz und Produktivität der gesamten Organisation zu steigern.

- **Kompetenz der kognitiven Modellierung**

Das Konzept der Modellierung beschreibt die Fähigkeit des Menschen, aufgrund einer reflexiven Auseinandersetzung mit seinen Wahrnehmungen, Erfahrungen und Reflexionsprozessen sowie anhand von künstlichen Symbolsystemen, persönliche kognitive Schemata auf- und ausbauen, sowie bestehende zu verändern, zu vergrößern oder weiterzuentwickeln, indem die erworbenen und reflektierten Erfahrungswerte auf eine höhere, abstraktere Ebene transzendiert werden, die dann ihrerseits wiederum das Denken, Verhalten und Handeln einer Person determiniert.

5.5 Kompetenzentwicklung

5.5.1 Zielsetzung

Die Zielsetzung des individuellen oder gemeinschaftlichen Kompetenzmanagements (Kauffeld & Paulsen, 2018) besteht darin, Methoden und Instrumente einzusetzen, die den Erwerb, die Erhaltung oder die Weiterentwicklung von Kenntnissen, Fertigkeiten, Einstellungen sowie Verhaltens- und Handlungsweisen der Mitarbeiter und Mitarbeiterinnen eines Unternehmens unterstützen, die entweder für die Ausführung ihrer Arbeit wesentlich sind und den Anforderungen und Zielen der Organisation oder aber persönlichen Interessen und Veränderungswünschen entsprechen.

Daraus kann ein Kompetenzentwicklungsplan abgeleitet werden, der alle persönlichen oder unternehmerischen Maßnahmen in einer strukturierten und planmäßigen Form aufnimmt, die darauf abzielen, die Anpassung der Mitarbeiterinnen und Mitarbeiter an den Arbeitsplatz und die Entwicklungen des Unternehmens zu gewährleisten, um somit nicht nur ihre Beschäftigungsfähigkeit zu erhalten, sondern sie zu erweitern und zu neuen Horizonten zu führen.

Mit anderen Worten: es geht um die Reduzierung des ***Skills-Gap,*** d. h. um die Verringerung zwischen Anspruch und Wirklichkeit, zwischen vorhandenen und geforderten Kompetenzen, sowie um die Kompensierung des ***Skills-Burn*** als Ersatzhandlung zur Regenerierung von abhanden gekommenen Kompetenzen, die nur mehr über eine sehr reduzierte Halbwertszeit verfügen.

5.5.2 Methoden

Die Entwicklung von Kompetenzen kann entweder in informellen oder formellen Kontexten, in einer selbst- oder fremdgesteuerten Form oder als individuelle bzw. gemeinschaftliche, unternehmensübergreifende Maßnahmen erfolgen.

Die **selbstgesteuerte, informelle Kompetenzentwicklung** ergibt sich z. B. durch Leseaktivitäten von Büchern, Zeitschriften oder sonstigen Textbeiträgen, durch ein regelmäßiges Durchstöbern des Internets, durch Besuche von Ausstellungen, die Teilnahme an Kongressen oder durch Fachsimpeln mit Kolleginnen und Kollegen. Sie kann in einer strukturierten Form erfolgen, wenn die Person sich selbst eine gewisse Zielsetzung vorgegeben hat und wenn sie in der Lage ist, die aufgesuchten Informationen zu thesaurisieren, zu ordnen und in ihr Handeln einzubringen. Andererseits kann ein exploratives Vorgehen zur Definition von neuen und ungeahnten Zielen sowie zur Erstellung von innovativen Umsetzungsstrategien beitragen.

Die **systematische Kompetenzentwicklung** findet in einem formellen Kontext eines Unternehmens oder eines spezifischen Arbeitsplatzes statt und sollte auf einer Ist-Soll-Analyse beruhen, die einerseits auf Methoden zur Feststellung der individuellen oder gemeinschaftlichen Kompetenzausprägung basiert und die andererseits mit einem berufsspezifischen oder unternehmerischen Kompetenzreferenzsystem verglichen werden kann, um etwaige Diskrepanzen herauszustellen und daraus persönliche oder gemeinschaftliche Kompetenzentwicklungspläne auszuarbeiten.

Ein wesentliches Instrument zur systematischen Kompetenzentwicklung bilden die sogenannten **Kompetenzbilanzen.** Sie basieren auf einer Feststellung der aktuellen Situation einer Person und dienen dazu, strategische Veränderungspläne unter Verwendung eines psychologischen Instrumentariums zu definieren und umzusetzen (Ant, 2004).

Weitere **Methoden zur systematischen Kompetenzentwicklung** sind die Teilnahme an Weiterbildungsveranstaltungen, nebenberuflicher Erwerb von akademischen Qualifikationen, Lernen am Arbeitsplatz, situiertes Lernen, Gruppenarbeiten, Coaching und Mentoring (Erpenbeck et al., 2017).

5.5.3 Systematisierung

Es reicht aber nicht, die individuelle Kompetenzentwicklung zu priorisieren, sondern es ist gleichermaßen notwendig, diese Vorgehensweise unternehmens- und branchenübergreifend zu gestalten, indem Institutionen geschaffen und Strukturen eingeführt werden, die die Aufgabe der Kompetenzentwicklung als übergeordnete Zielsetzung wahrnehmen und professionalisieren, wie dies am Beispiel der **Kompetenzzentren des luxemburgischen Handwerks** seit dem Jahre 2016 erfolgt ist.

Diese Kompetenzzentren werden von den Handwerksbetrieben im Verhältnis von 0,5 % ihrer jährlichen Gehältermasse finanziert und ihre flexiblen, modularen Weiterbildungsmaßnahmen sind nach den Prinzipien des **Europäischen Qualifizierungsrahmens** (EQF) und des ***European Credit Transfer Systems*** (ECTS) strukturiert.

Dabei geht es nicht darum, wie in der Erstausbildung, ganze Berufe zu unterrichten und auszubilden, sondern anhand von hochwertigen Weiterbildungsmaßnahmen in den *Tech-*, *Non-Tech-* und *Meta-Skills*-Bereichen die Mitarbeiter und Mitarbeiterinnen von Handwerksbetrieben auf **neue berufs- und arbeitsbezogene Funktionen,** Aufgaben, Methoden und Techniken vorzubereiten, und somit ihre eigene Beschäftigungsfähigkeit und die Wettbewerbsfähigkeit ihrer Unternehmen zu festigen.

Beispielsweise werden Handwerker in der Erstausbildung in die Gesamtheit des Gewerkes *Heizung-Sanitär-Klima* eingeführt, wogegen in der beruflichen Weiterbildung der Fachmann oder die Fachfrau in der neuen Funktion *Wärmepumpen,* basierend auf der Erstausbildung und der beruflichen Erfahrungen, spezifisch in dieser Funktion weitergebildet wird.

5.5.4 Prozessmodell

Abschließend möchten wir die **Kompetenzentwicklung als Prozessmodell** beschreiben, das die Emergenz von Kompetenzen in einen Kontext der Produktion von neuen und grundlegenden wissenschaftlich-technisch-technologischen Erfindungen und Erkenntnissen situiert, siehe Abb. 5.2.

Signifikante Erfindungen, Entwicklungen und Erkenntniserweiterungen finden zu einem spezifischen Zeitpunkt auf einer gewissen **Inventions- und Entwicklungsebene** statt *(Ebene n).* Diese ist mit wissenschaftlichen Berufen assoziiert und führt zu völlig neuartigen Verfahren, Produktionsmethoden, Installationen, Anlagen, Produkten und Dienstleistungen, die auf einer experimentellen Stufe erforscht und entwickelt werden.

Diese Neuerungen werden aber nicht von einem *deus ex machina* provoziert oder tauchen gar *ex nihilo* auf, sondern sie sind jeweils als Fortführungen und Weiterentwicklungen von bereits **bestehenden Entwicklungsebenen** *n-1, n-2, n-3,* etc., zu betrachten.

Diese Erfindungen, Entwicklungen und Erkenntniserweiterungen werden dann auf den darüber liegenden **Innovations- und Anwendungsebenen** $n + 1$, $n + 2$, $n + 3$, etc., vertikal weitergeführt und seitlich auf die Stränge der Aktivitäts- und Kompetenzbeschreibungen übertragen. Diese sind ihrerseits mit den Ingenieurs- und Handwerksberufen assoziiert und führen zu innovativen und anwendungsorientierten Verfahren, Produktionsmethoden, Installationen, Anlagen, Produkten und Dienstleistungen.

Wir gehen davon aus, dass die **Entwicklung von neuen Kompetenzen** diesem Schema folgt, wenngleich durch erforderliche Anpassungsprozesse etwas zeitversetzt. Diese neuen Erfindungen und Erkenntniserweiterungen müssen zuerst von den Berufen assimiliert und sowohl als sich daraus ergebende extensive

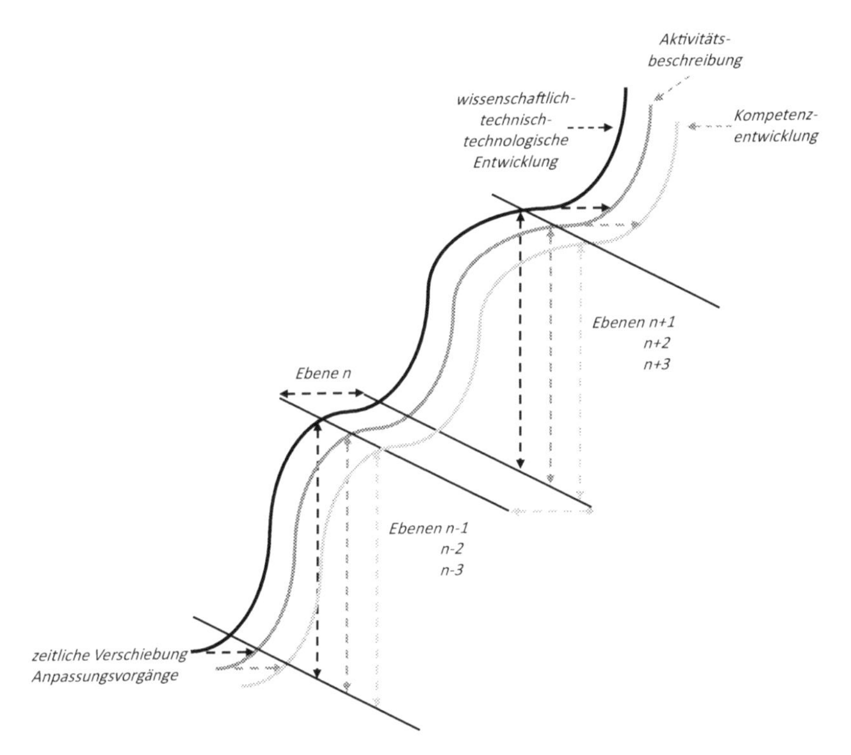

Abb. 5.2 Prozessmodell der Kompetenzentwicklung

Aktivitätsbeschreibungen als auch als **Kompetenzbeschreibungen** modelliert werden.

Darüber hinaus sind diese Kompetenzen in eine pädagogische Terminologie und Praxeologie zu übersetzen und von spezialisierten Experten und Institutionen in der Aus- und Weiterbildungspraxis zu implementieren.

Demzufolge führen die wissenschaftlich-technisch-technologischen Entwicklungen auf der *Ebene n* zu neuen Aktivitäten und Kompetenzen auf den *Ebenen n + 1, n + 2, n + 3,* etc., die wiederum auf den berufsbezogenen Aktivitäten und Kompetenzen der darunterliegenden *Ebenen n, n-1, n-2, n-3, etc.,* fundieren.

Wir schlussfolgern daraus, dass die **zukünftige Entwicklung der handwerklichen Kompetenzen** nicht isoliert betrachtet werden kann, sondern immer nur in einem Kontext der allgemeinen und übergeordneten wissenschaftlichen-technischen-technologischen Fortschritte, die auf einer höheren Ebene stattfinden und die auf alle untergeordneten Ebenen der beruflichen Aktivitäts- und Kompetenzbeschreibungen herunter dekliniert werden müssen.

Um eine entsprechende Gestaltung der zukünftigen Entwicklung der handwerklichen Kompetenzen zu gewährleisten, wäre es sicherlich sinnvoll, ein **professionelles Observatorium** zur systematischen Untersuchung der zukünftigen wissenschaftlich-technisch-technologischen Aktivitäts- und Kompetenzentwicklungen zu etablieren, um daraus Tendenzen und Optionen hinsichtlich des Fortschreitens der handwerklichen Berufe und ihrer assoziierten Kompetenzen abzuleiten.

6 Ausklang

Bei dieser Anzahl und Vielfalt an Kompetenzen drängt sich der Eindruck auf, dass es sich bei einem Handwerker oder einer Handwerkerin um eine eierlegende Woll-Milch-Sau handeln muss, der oder die alles weiß, alles kann und alles will.

Dem wird wohl nicht so sein. Auch Handwerker sind fehlbar, sie verfügen nicht immer und nicht zu jeder Zeit oder an jedem Ort über die nötigen *Tech-*, *Non-Tech-* oder *Meta-Skills,* um alle möglichen Aufgaben fach- und termingerecht durchzuführen. Auch ist es nicht immer jedem gegeben, einen kombinierten Einklang zwischen Handwerk, Mundwerk und Kopfwerk orchestrieren oder seine motivationalen und emotionalen Zustände unter Kontrolle zu halten oder adäquat managen zu können.

Wir wissen es: *Nobody is perfect* und *die Perfektion ist nicht von dieser Welt.*

Worum geht es also? U. E. geht es um das Bestreben des einzelnen Handwerkes oder der einzelnen Handwerkerin, die in dem von uns vorgeschlagenen Strukturdiagramm der handwerklichen Kompetenzen aufgeführten Elemente permanent und über das ganze berufliche Leben hinweg, sowohl in einer horizontalen als auch in einer vertikalen Perspektive, systematisch und strukturiert weiterzuentwickeln und auszubauen.

Das Ziel sollte darin bestehen, erstens, immer zahlreichere neue und innovative Kompetenzbereiche in das bestehende persönliche und/oder unternehmerische Kompetenzsystem einzubauen (horizontal) und, zweitens, diese Kompetenzen zu vertiefen, einzuüben und *in fine* vollends zu beherrschen (vertikal).

Es ist nun mal nicht mehr so, dass die in der Erstausbildung erlernten berufsbezogenen Kompetenzen ein ganzes Leben lang halten, sondern deren Halbwertszeit verringert sich immer mehr, sodass sie deswegen andauernd durch formelle und informelle, durch qualifizierende oder zertifizierende sowie durch kurz- oder langfristige Weiterbildungen aufgefrischt, erweitert und vertieft werden müssen.

M. Ant, *Eine kompetenzorientierte Perspektive des Handwerks im digitalen Zeitalter,* essentials, https://doi.org/10.1007/978-3-658-36531-8_6

Handwerker und Handwerkerinnen, die behaupten, dass sie keine Weiterbildung, bzw. keine Kompetenzerweiterungen brauchen, weil sie ihre beruflichen Tätigkeiten bereits seit zwanzig Jahren ausüben und meinen, alles (besser) zu wissen und alles (besser) zu können, werden zum Scheitern verdammt sein. Sie sind deswegen ganz sicherlich auch kein Vorbild für junge, angehende Handwerker.

Was Sie aus diesem *essential* mitnehmen können

- Eine ausführliche Erläuterung des Konstrukts der handwerklichen Kompetenzen.
- Eine Aufstellung von handwerklichen Kompetenzkategorien als Grundlage zur Entwicklung der persönlichen und unternehmerischen Kompetenzen.
- Empfehlungen hinsichtlich der Bestimmung der zukünftigen Entwicklung der handwerklichen Kompetenzen.

M. Ant, *Eine kompetenzorientierte Perspektive des Hundwerks im digitalen Zeitalter*, essentials, https://doi.org/10.1007/978-3-658-36531-8

Literatur

Ant, M. (2004). *Die Auswirkungen von Kompetenzbilanzen auf das Selbstwertgefühl von Arbeitslosen*. Editions d'Lëtzebuerger Land.

Ant, M. (2018). *Effizientes strategisches Management*. Springer Gabler.

Ant, M., Goetzinger, P., Will, D., & Bourgeois J. (2018). *Au coeur des compétences*. Cahiers des Centres de Compétences de l'Artisanat.

Beibl, T. (2020). *Analyse der Merkmale und Eigenschaften eines Handwerkers als Indikatoren für ein erfolgreiches Gründungsvorhaben. Entwicklung eines Tools für die Beratung der Handwerkskammern*. Deutsches Handwerksinstitut.

Blankenberg, A.K., & Binder, M. (2020). *Zum beruflichen Selbstbild und zur Arbeits- und Lebenszufriedenheit im Handwerk in Deutschland*. Deutsches Handwerksinstitut.

Erpenbeck, J., Rosenstiehl, L.v., Grote, S., & Sauter, W. (Hrsg.). (2017). *Handbuch Kompetenzmessung: Erkennen, verstehen und bewerten von Kompetenzen in der betrieblichen, pädagogischen und psychologischen Praxis* (3. Aufl). Schäffer-Poeschel.

ETF; Cedefop; ILO. (2016). Developing skills foresights, scenarios and forecasts. Guide to anticipating and matching skills and jobs. Bd. 2. https://www.cedefop.europa.eu/en/publications-and-resources/publications/2216

Janich, P. (2015). *Handwerk und Mundwerk*. Beck.

Jourdain, A. (2014). *Du coeur à l'ouvrage. Les artisans d'art en France*. Belin.

Kauffeld, S., & Paulsen, H. (2018). *Kompetenzmanagement in Unternehmen: Kompetenzen beschreiben, messen, entwickeln und nutzen*. Kohlhammer.

Mazaud, C. (2013). *L'artisanat français. Entre métier et entreprise*. Presses Universitaires de Rennes.

Palla, R. (2014). *Verschwundene Arbeit: das Buch der untergegangenen Berufe* (2. Aufl.). Brandstätter.

Sennett, R. (2009). *Handwerk*. Berliner Taschenbuch-Verl.

Wolniak, H., & Albrecht, P. (2019). *Die Geschichte des Handwerks: Traditionelle Berufe und das Arbeitsleben von früher*. Edition XXL.

M. Ant, *Eine kompetenzorientierte Perspektive des Hundwerks im digitalen Zeitalter*, essentials, https://doi.org/10.1007/978-3-658-36531-8

Printed in the United States
by Baker & Taylor Publisher Services